提问型管理

以问代管的领导策略

于治军 著

中国法制出版社
CHINA LEGAL PUBLISHING HOUSE

前言

讲道理，不如会提问

做领导的，没有人不渴望自己手下都是得力干将，且越多越好。为了实现这个愿望，领导们总是竭尽所能地带人——为下属答疑解惑、解决问题。其实，这样永远也带不出合格的、能够让领导放心交付工作的下属。

想要带出能够自己解决问题的得力干将，领导就一定要学会问问题。

领导问问题，下属回答问题。

问题，就像魔法，能够让模糊的变清晰，让迷惘的得到指引，具有不可思议的力量。当下属为某事烦恼、对现状不满却又不知道问题出在什么地方时，往往领导的一个提问就能让下属茅塞顿开。

曾任法国雷诺汽车公司、日本日产汽车公司两大国际汽车巨头 CEO（首席执行官）的卡洛斯·戈恩在带人的过程中，就不断地通过提问来引导下属与自己一起努力，从而让日产汽车走出了经营危机并重获新生。

戈恩就任日产汽车 CEO 以后，立即走遍了所有工厂与销售点，每到一处，他都会不断地询问现场负责人各种问题——“价格起伏情况如何？”“顾客对汽车性能评价如何？”……正是这些问题，提升了员工的觉察力，让他们更清楚地了解问题出在什么地方，自己应该将着力点放在哪里，进而推动整个企业的状况逆转。

接着，在日产重建计划中，为了带领员工与自己一起实现“将成本降低两成”的目标，他并没有直接高高在上地命令下属去执行什么，而是问他们“该怎么做才能实现呢”，通过问题让员工去思考。因此，员工没有像机器人一样机械操作让领导伤透脑筋；他们把“将成本降低两成”视为自己的责任，在与供应商的洽谈中下足了功夫，最终实现了目标。

就是这样，像戈恩所说：“比起正确的答案，找到正确的问题才是更重要的。”**正确的问题不仅让员工更清楚应该做些什么、怎样去做；也让员工学会思考，逐步培养起自己解决问题的能力；更**

让员工觉得自己是可靠的、被信任的，从而产生强烈的责任感，自动自发地认真学习和工作。

因此，作为一位睿智的领导，应该也必须掌握“提问”这一带人技巧。著名人类学家克劳德·李维史陀也是这样说的：“有智慧的人，并非提供‘正确答案’，而是‘正确发问’。”

倘若领导运用这一技巧，一定能看到下属令人惊喜的成长。要知道，**人的成长通常是两方面的，一是用头脑去理解，一是用心去接受。**别人告诉的答案，即便头脑能够理解，也总是难以心悦诚服。正确的问题，往往能够引导人自己找到答案。在这个依靠自己走出烦恼的过程中，人就会突飞猛进地成长。并且，对于自己找到答案，人也更乐于展开行动，展现出更多的坚持和智慧。

简单地说，借助提问，让下属思考如何解决问题，领导便能够快速地培养出得力干将。本书呈现给读者的正是“正确提问”的技巧，你一定迫不及待了吧！

CONTENTS

目录

第一章
这么问，员工才能跟随你

第二章
问对问题才能解决问题

第五章
换个方式提问，员工更有激情

第六章
7 种方法，让你成为最优秀的领导者

第七章
6 个步骤，让下属工作事半功倍

第八章
改变员工 7 种观点，人人都能变将才

第一章

这么问，员工才能跟随你

冰释前嫌，建立良好开端：你是否介意我们从头开始

与下属相比，领导往往拥有更多的经验、更丰富的阅历，更具大局观和长远眼光，但种种优势并不代表领导就不会出错。在下属面前出错是无可避免的，这是领导最难堪但也是最关键的时刻。

作为领导，出错时必须妥善处理，否则就会丧失威信，不仅不利于事件本身的处理，还会对此后的管理工作造成不良影响。

G经理与公司CEO谈完话，刚刚走进办公室，就发现下属F先生在等他，大概有什么重要的事情。G经理对着F先生点了点头，看到他想要站起来，对他挥了挥手，示意他坐下来谈。

“怎么？是遇到什么问题了吗？”G经理问道。

“有一位客户说我们的机器在使用时温度超过了50℃，要退货。不过，您知道的，机器在运作时温度的确会升高，超过50℃也在正常范围内。我不知道该如何处理，是拒绝还是接受他的退货。”

“详细和他解释过了吗？”

“是的，我已经很详细地向他解释过了，但他坚持认为这样的

温度是不正常的。”

“既然这样，那就让他退货好了，前提是机器的外观没有丝毫损毁。”G经理做出了决定。

但出乎G经理意料的是，F先生的眼睛里写满了难以置信和失望，那表情仿佛在说：“难道我等了你这么久，就是为了让你告诉我接受他的退货要求？你怎么会觉得我会如此轻易地就放弃一位客户？”

那一刻，G经理感觉就像战争已经结束，而自己正奄奄一息地躺在地上，很沮丧，很难堪。为了让这种糟糕的感觉赶快结束，他对F先生点了点头，说：“好了，就这样吧！赶快去处理吧！”

F先生转身离开，直直地走了出去，甚至都没有说一声“那我出去了”。F先生的眼神一直停留在G经理脑海里，十几秒后，G经理站了起来，冲到门口，把F先生又叫了回来。他说：“我很抱歉，F。我以为我很了解你，也很了解情况，但看来我是太过自信了。我对我的草率、欠缺考虑向你道歉。请原谅我！”

F先生有些尴尬地笑了笑，但看得出他已经不那么介意刚才的事情了。

“那么，你不介意从头开始吧？”G经理问道。F先生笑着点了点头，什么也没说。

于是，G经理开始做他在最初就应该做的事。他一边和F先生聊天，一边观察他并询问详细的情况——从客户的基本情况到与客户交易的过程，从F先生对客户的看法到客户的潜在资源……大部分时间，G经理鼓励F先生多说，而自己留心去发现问题的关键点。

很快，G 经理便了解了 F 先生的真实想法。他终于明白，F 先生觉得这位客户非常具有潜力，他很希望将之培养为公司的忠实客户。

随后，G 经理协助 F 先生制订了切实可行的行动方案。

G 经理有些太自以为是了，出了错。尴尬、难堪是再正常不过的事情，但事情的分化点就在这里，倘若只是沉溺于尴尬和难堪，那么事情只会变得更糟糕。相反，如果能够凌驾于尴尬、难堪之上，忽视它们，问一问自己“能否让一切从头开始”，事情就会峰回路转。

只要有了让事情从头开始的意向，我们便不会再纠结于难堪与尴尬中，便能够坦然地向对方承认自己的错误，然后自然而然地询问对方:“你是否介意我们从头开始？”

只要对方表现出挽回彼此关系的意向，人们总是乐意去原谅，愿意冰释前嫌。

“你是否介意我们从头开始”这个问题能够让领导从冲突、尴尬、难堪中突围，将事情导向更好的方向；能够让下属感受到作为领导的你的诚意和尊重。无论是对解决问题本身，还是对建立彼此间的良好关系都非常有利。

谁都渴望被聆听：你能多跟我讲讲吗

随着现代企业管理理念的深入人心，越来越多的领导意识到要像朋友那样去与下属交流，为了提升自己的亲和力，为了让彼此的关系更加密切……总之，一切都是为了让下属能够更加密切地配合自己的工作，领导们开始有意识地与下属进行工作之外的交流。

然而，我们不得不说有相当一部分领导的做法出现了偏差，自然也没有得到预期的结果。就像下面这位 M 经理一样。

M 经理是某银行个人银行业务部的经理，或许是由于年龄的差异，她手下一位二十几岁的下属 J 女士几乎从来不主动与她交谈，即使工作中遇到什么不懂的地方或者难题，J 女士也不会主动向 M 经理求助或询问，而是自己闷头解决。

为了改变这种情况，拉近彼此间的距离，这天，M 经理决定和 J 女士一起用餐。点完餐等待上餐的空当，两人谁也没有说话，气氛有些尴尬。于是，M 经理开始了话题，跟 J 女士讲述了她在银行的工作以及她是如何一步步奋斗到今天这个位置的。“通过不懈地努力工作，我坐到了今天的位置。”

服务员送来了午餐。就餐时，M经理又开始讲自己的度假计划，她将要去海南度假，为期1周。她兴奋地说：“我和家人每年都会去那里度假，我们非常享受住在海边的那些时光，那是多么令人愉快！”

吃完午餐，M经理又讲起了她刚刚降生的小孙子，还拿出她的钱包向J女士展示自己孙子的照片，没有什么比这个更值得一位刚刚当了奶奶的人骄傲的了。

而在整个过程中，J女士并没有怎么谈到自己，她只是说了些“那真是太不容易了”“是这样没错”“我也觉得很不错”之类的话。

回顾一下整个过程，究竟发生了什么？对J女士而言，通过这顿午餐、这次交谈，她了解了M经理不少事，或许在她的心中，M经理不再那么高高在上、不可交流。但是，作为领导，M经理连一个了解下属工作感受、生活状况的问题都没有，这难道不是一种忽视吗？难道下属不会因此而觉得压抑，觉得自己成了领导倾诉的对象吗？

有一位女士分别和两位男士相亲，当别人问她对谁更有好感时，她回答道：“在与A吃了一次饭之后，我觉得他是全世界最聪明的男人。而在与B吃了一次饭之后，我觉得我是全世界最聪明的女人。我想我对带给我如此好感觉的B更有好感，也更愿意跟他有进一步的发展。”

当你让你们之间的谈话都围绕着自己时，别人或许会认为你很聪明，但这并不能建立起你们之间的信任，也无法获得对方支持。相反，带给对方美好的体验，让对方多说、唱主角，一方面能够加深你对对方的了解，另一方面也能够获得对方的好感，为彼此的深厚友谊打下基础。

作为领导，你想要获得下属的支持，那么在交流中更应该做的就是把对方变成主人翁，而不是一个人担任主角，唱独角戏。

谈话不是领导的独角戏。如果从头到尾都是你一个人在说，你就无法了解对方。如果你一直围绕自己说，你就不能掌控他人。

领导要做的并不是不停地说，而是获取信息并建立充满活力的对话。这一点很重要。而"你能多跟我讲讲吗"这个问题就是打开下属心扉和思想的神奇钥匙。

对此，或许你会说，下属就是那种闷闷的性子。但即使是这种情况，领导也能通过"真的？你能多跟我讲讲吗"这个问题来开启对话，进而带给对方愉快的谈话感受，在彼此间建立起关系。

当下属对你的问题做出回答后，顺势再问一下："你能跟我多讲讲吗？"这会让彼此间的对话与互动更加畅通。比如上例的 M 经理如果能问一问这个问题，谈话可能就会是另一番景象。

M 经理："那时候我刚到银行工作，每天都为怎么完成业绩发愁。你呢？有没有这样的烦恼？"

J 女士："是啊，感觉压力有些大，不容易获得客户的信任。"

M 经理："怎么会有这样的感触，你能多给我讲讲吗？"

……

又或者：

M 经理：“我和家人打算去海南度假，你呢？有没有什么出游计划？或者想去哪里看一看？”

J 女士：“最近有些忙，没什么出游计划，不过如果有时间的话，很想去西藏看看。”

M 经理：“西藏？很不错的地方。你打算具体去哪些地方呢？能多说说吗？”

……

交谈由此开启，作为领导的 M 经理不仅能了解到下属的更多情况，也能让下属从交谈中获得更好的体验，为两人进一步建立良好的上下级关系奠定基础。

适时倾听下属意见：你怎么想

“天啊，真是让人难以忍受。我只是想要他对我说四个字而已，可是他到最后也没有说那四个字。”Q 先生正在客厅里怒气冲冲地来回踱步。

Q 先生是某个培训学校的老师。他刚开完一个由教务主任主持的会议。

“别生气，放松一些，平静下来，”朋友安慰道，“先坐下来，喝杯茶吧！”

朋友见Q先生坐下来，接着问道：“你说的四个字是指什么呢？对你来说很重要吗？”

“你知道吗？听我们校长讲话简直就是受折磨。整整三个小时，他全在自说自话，不停地告诉我们他是怎么想的，他想怎么做以及他优先考虑的是什么，还有就是他对学校在其领导下的感想如何等。”Q 先生抱怨着校长喋喋不休的固执。

“如果他能中途停下来一次，哪怕只是一次，”Q 先生继续说，“问一问我们是如何想的，就足够了！我多想听到他问一问我‘你怎么想'，但听到这四个字从他嘴里说出来简直是一种奢望。"

的确，就像Q先生所认为的那样，"你怎么想"这四个字是非常具有意义的。从下属的角度来说，更希望领导能倾听，而非喋喋不休。被倾听能够让下属认为自己被尊重、被关注，有被激励的感觉；反之则会觉得被忽视，工作积极性会遭到打击，产生挫败感，这也是Q先生如此愤怒的原因。

就像美国著名作家、哲学家梭罗在他的日志中写到的那样："今天我得到的最大恭维就是有人问我'你怎么想'，并真诚地聆听了我的想法。"

Q先生所渴望的那四个字——"你怎么想"，是领导与下属之间良好沟通的完美开始。作为领导，你一定要问，"你对此事是如何想的"或者"你对此有何感受"这样的都是开放式的问题，不能用简单的是或不是来回答，而需要一个更清楚的解释。因此，他们可以不断地将话题延伸下去。

接下来，领导需要倾听，而且还要专注地倾听，甚至虔诚地倾听。这似乎与人在交流中喜欢倾诉的本能相违背，但却能帮助领导很好掌控谈话的主动权。因为你要求下属回答，因此，你完全在有利的位置上。与一味地发言相比，询问下属"你怎么想"，然后认真倾听反而更适合领导。并且，通过倾听，领导往往能够从答案中捕捉到关键点，从而获得成功。

只要留心观察，你就能发现，当你问下属"你怎么想"时，对方的眼睛里会有一道亮光闪过；当你认真地听他怎么说时，他会越发地与你亲近、对你敞开心扉。这就是“你怎么想”的惊人力量。

“比起满足他的需求，大多数人更愿意你去聆听他的故事。”通过“你怎么想”这个极有力的问题，可以让你身边的人感受到你非常乐意倾听他们的心声。你将开启沟通的闸门，成为吸收信息的海绵，同时也获得下属的认可与尊重。

因此，当你与下属讨论所面临的问题或未来的行动方案时，当你分享了自己的观点或阐述了自己的方案时……总之，当你与下属沟通时，请问问下属“你怎么想”！值得注意的是，在你提问后，也许你并不喜欢下属的答案，此时，请务必记住，你要做的、应该做的只是倾听，而评论则是之后的事情。

找到契机，赢得下属认同：你有什么想要去做的事情吗

“这真的很难，”L 总监说道，“不知道如何与他进行沟通，不知道如何获得他的认可，不知道如何才能让他心甘情愿跟随我……”

L 总监是一位非常自信、颇具智慧也十分精明的领导，并且经验十分丰富——从名校毕业后就在一家咨询服务公司工作了 15 年，从基层晋升至高级管理岗位。他离开之后，到一家跨国集团分公司任高管，历练了 5 年之后又回到了最先的咨询服务公司，成为公司的合伙人并担任总监一职。在管理工作中，他从不会像某些管理者一样，在下属面前总是一副“毋庸置疑，一定是你哪里出了错”的模样；相反，他会站在下属的角度去理解下属，充分表达自己的同理心。因此，在带人方面，可以说他非常得心应手。出乎意料的是，他竟然也为下属的事头疼了。

“真有这么难吗？”朋友问道，“我从来没见你为了哪个下属而如此苦恼。”

“是啊，这位下属是公司刚刚从别的公司请过来的，他外貌出众，身高有一米九多，眼睛深邃迷人，记忆力更是超群，只要是他

看过或者接触过的客户，都会记得他们的各种信息，几乎没有什么遗漏。我想除了管理以及工作经验方面，他在其他方面并不会比我差。”L总监说着，可以听得出来，这位下属是一位非常优秀的人，L总监也非常器重和重视他。

“问题是……我很苦恼应该用怎样的措辞才能吸引他，该用什么样的睿智陈述又或者具有怎样深刻见地的观点去向他证明，我是他最值得跟随的领导，值得他去遵从、践行我的决定。遗憾的是，想了一整天，我也不知道如何说才能达到那样的效果。和他谈话，我实在没有底气。”L经理冲着朋友露出一个非常无奈的表情。

“或许，你可以问他一个能引起他兴趣的问题。这会成为一个好的开始，后面的事也就水到渠成了。”朋友建议道。

“嗯？可是能问什么呢？既不会显得不自然，也不会是他已经被许多人问过的问题。”

“有时候，最好的问题往往是最简单、最直接的，并能帮助彼此建立关系。L，我想问你个问题。”

“当然可以。”L总监欣然应允。

“你拥有辉煌的事业，从咨询公司底层人员到如今已经取得了很多成就。那么，你还有什么想要去做的事吗？”

L总监凝视了朋友几秒钟，整个人仿佛沉浸在思考中。随后，他开始侃侃而谈：“是的，在我的内心深处的确有一些想法……”

朋友很专注地倾听，等到L总监说完自己想要做的事以及相关的计划、构想，他很慎重地点了点头，说：“那么，如果有人或者有事能够帮助你做成这些事，你会与这些人合作，或者去促成这些事吗？”

“当然。这一点毋庸置疑。”L总监很肯定地回答。

朋友笑了笑。“我想你已经知道要问你的那位精英下属什么问题了，也知道要如何去与之建立关系了，不是吗？”

L总监愣了愣，随即恍然大悟，脸上露出了满意的笑容。“我想是的。”

每个人都有未曾实现的渴望或梦想，不管他能力如何、处于人生的什么阶段。以此为话题，绝大多数人都会非常感兴趣，并能够侃侃而谈。但很少有人会被别人邀请来分享自己的梦想。由此可见，“你有什么想要去完成的事情吗”这个问题很值得一问。

领导和下属之间，或者由于年龄差距，或者由于阅历不同，或者由于某些心理顾虑……总之就像L总监与下属之间一样，存在隔阂，存在沟通障碍。但无论彼此间有怎样的隔阂，只要领导能够洞悉下属内心最真实的渴望，并给予达成的途径、机会或助力，势必能获得下属的认可与支持。而这一切都从“你有什么想要去做的事情吗”这个问题开始。

总的来说，“你有什么想要去做的事情吗”这个问题一方面够新颖，能够充分引起对方的兴趣，对彼此间的交流有促进作用；另一方面能够发掘对方内心深处最真实的渴望，帮助领导找到获得下属认可与支持的契机。

值得一提的是，在你真的这样去问自己的下属之前，不妨先将下属的成绩陈述一番，这种客观而自然的赞美能够拉近彼此的距离，使得“你有什么想要去做的事情吗”这个问题的效果加倍。但千万不要停留在赞美上，一定要接着去问，以便挖掘他们内心深处最真实的渴望。

此外，领导们还可以这样问：“什么样的挑战能让你感到兴奋呢？”“什么才是你最重要的梦想呢？”“你下一步是如何打算的？”

换位思考，宽容才能服众：如果站在对方的角度，你希望如何被对待

“我感觉自己都快崩溃了，我跟你说，我从来没有碰到过这样的下属，我从来没有感觉这么糟糕过！”T总监正在与朋友交谈。他的声音听上去苦恼极了。

T先生是某企业的生产部总监，经济最景气的时候他手下管着几百名员工，而随着传统制造业变得不景气，员工人数减少了很多，一段时间以来，T总监都为此忧心忡忡。

“T，我从来没有见过你这样。什么事给了你这么大的打击？”朋友问T总监。

T总监告诉朋友他发现他的助理N先生隐瞒了生产线的某些情况，但现在却出了很严重的问题。他很器重N先生，他们在一起工作已经13年了，在此之前，他可以说是全心全意地信任、倚重N先生。

T总监说当他最近一次找N先生谈话时，他问N先生：“N，你能告诉我这到底是怎么回事吗？”出乎意料的是，N先生开始强词夺理地狡辩。当然，T总监根本不买他的账。

“我向你保证我根本就不知道那些问题，”N下属辩解道，“总监，我对公司一直尽心尽力，对工作虽然说不上鞠躬尽瘁，但也是认真负责。”N先生接着说起了自己从进入公司一直到现在的工作经历，他滔滔不绝地说了一通，目的就是想证明自己很清白。

“但他的身体语言告诉了我一切。他目光呆滞，双手紧紧交叉在一起，双腿则来回地搭起来又放下。”

“他什么也不承认，”T总监继续说，“但我肯定他出于某些原因而隐瞒了问题，他越是否认，我就越是失望。最后我实在不想再听到这样含混不清的回答，我直截了当地问他：‘N，我希望听到的答案是是或者不是，你到底有没有隐瞒问题？’我使用了更加严厉的措辞。

“几分钟过去了，我还在等待，没有说一句话。最后他的心理防线彻底瓦解，他终于承认了。

“我相信，如果不是我措辞严厉、紧紧追问，他一定不会坦白自己的错误。他的行为让我多年对他的信任、倚重一下子崩塌。”

“而我的问题是，”T总监对朋友说道，“他承认了自己的错误之后，我却不知道该怎么办才好了。我是应该将他开除，还是将他调走，又或者是直接降职处理。

“但我也想到了他的个人处境。他还有一个孩子在上大学，他的妻子没有工作，这样做会毁了他。这让我感到很有压力。”

朋友想了想，问T总监：“T，如果情况反过来，犯错的是你，你希望自己如何被别人对待呢？”

T总监思考了一会儿，回答道：“哦，我从来没有想过这样的问题。这件事让部门运作陷入了混乱，我很难过，我所看到的、感受到的都是自己的失望。如果我是他，让我想一想，我会希望得到领导的原谅，并且拼尽全力让类似的事情不再发生。同时，我也希望这件事能够赶快过去。”

“T，这或许就是你应该考虑的处理方案。”朋友建议道。

T总监几经思考，决定原谅N先生，并给了他一次改过的机会。后来，他说：“那一刻真是让人难以忘怀，他几乎流下眼泪。我告诉他原谅他的前提是他必须在30天内将事情处理好。我向他保证不会把这件事情告诉任何人，不会让他的职业生涯因此而受到任何影响，告诉他这是我们两人的秘密。”

这件事情之后，N先生工作更加卖力了，一天总是要工作10~12个小时。他比以前更加细心、稳重，再也没有犯过类似的错误。

如今，N先生已经做了16年的总监个人助理，他依然是T总监最倚重、最可靠的得力助手。

作为领导，如果你是T总监，会如何处理这件事呢？想必你的第一反应就是处罚，一定要处罚，从此与N先生恩断义绝。有这样的想法是很自然的，毕竟的确是自己的信任被辜负了，而且下属还逃避责任。但是请别忘了，N先生作为T总监的下属已经多年，两人之间具有深厚的情谊；再者，N先生能力出众，是T总监倚重的得力助手。任由自己在失望、恼恨的情绪中做出决定，往往并不是那么正确，很可能失去了得力助手，但也于事无补。

而“如果站在对方的角度，你希望被如何对待”是一个发人深省的问题，因为它能让人忘记所有的恼恨，跳出失望，站在对方的角度思考。“如果事情发生在自己身上，希望被怎样对待？”这个问题有利于从纷乱中找出对彼此都有利的解决方案。

有时，从对方的角度出发将更有利于解决彼此间的问题。就像俗语所说：“你希望别人怎样对待你，那就怎样对待别人吧！”这句话充满智慧，但要想真正做到却并不容易。而“如果站在对方的角度，你希望被如何对待”这个问题则能够唤醒人的同理心，找回宽容，让事情朝着更有利的方向发展。

因此，在带人的过程中，作为领导，当你因下属的行为而感到失望、恼恨、愤怒时，在你进行处罚、指责，甚至放弃之前，先问问自己“如果站在对方的角度，你希望被如何对待”吧！

第二章

问对问题才能解决问题

找到关键，直奔主题：你的问题是什么

P 女士在一家大型咨询公司做咨询师，现在，她陷入进退两难的窘境中，她感觉自己快要发疯了。她太想促成这笔生意，太想成功了，但她心里也明白自己已经因此陷入一连串的麻烦中。

她正在和一位控制欲极强，通俗地说就是非常“事儿”的客户讨论一个合作项目。客户总是试图掌控 P 女士工作的方方面面，他总是不厌其烦地想看到 P 女士所提议的每一种方法的细节，甚至最好能提前看到相关的企划书。他坚持要检查 P 女士为他的员工培训所准备的每一张 PPT……总之，事无巨细，客户坚持要检查 P 女士工作的每个细节。

而 P 女士正在为如何应对他无休止的要求和命令而纠结。P 女士很想拿下合同，但她有一种直觉——事情正朝着相反的方向发展。随着时间一点点地过去，她越来越不安。

就像人们常说的，事情的开始决定它的结果，而这的确不是一个好的开始。

P 女士决定向她的领导 L 总监求助。L 总监很擅长让事情峰回

路转，回到正轨上来。他总是能直击问题的核心。

P女士告诉L总监：“我遇到了一点问题，想要请教你。”

“嗯，你说。”L总监停下手头的工作，摆出一副准备认真倾听的样子。

“我有一位潜在客户，他是一家大公司的高管。他们公司有一份大单子。他们正在着手打造一个项目，以便大幅提升公司收入，无论是建立起更浓厚的利润型企业文化，还是培养高素质员工，都需要我们长期提供咨询、培训服务。”P女士继续向L总监描述客户的背景，“他希望我们提供的服务能够尽可能地全面优质一些，他要我制订一份全盘计划，当然下面的小计划也要提供，甚至时间表、日程表他们也要求了。”

P女士觉得跟L总监描述这一切非常重要。不，岂止是重要，简直就是必需。如果他不能全面了解情况，又怎么能够明白自己担忧的问题是什么，又怎么能够给予有效的帮助呢？于是P女士不知不觉就说了十几分钟。

“我能够打断一下吗？”L总监问道。

“当然可以。”P女士回答。

“你的问题是什么？”

一刹那，P女士的整个思绪被打乱了，她还有好多详细信息没有告诉L总监呢。

“好吧，这个客户的要求太多了，他几乎要求我把每个环节都呈给他检查，而且……”P女士又开始喋喋不休地向L总监叙述事情的整个过程，以期L总监能够做出正确的判断。

L 总监再次打断 P 女士的话："你的问题是什么？ 20 分钟前你就说你有一个问题要问我，那么，这个问题是什么？"

P 女士开始有些尴尬。"问题？"她停下来想了想，继续说道，"是这样，我如何与一个控制欲极强、试图事事都凌驾于我的客户打交道？"

L 总监轻声笑道："看，这才是核心问题。你并没有告诉客户如何经营公司；同样他们也不应该告诉你如何做咨询。那正是你作为咨询专家所擅长的。为什么不让他们明白，他们对你的工作横加干涉就好比要买奔驰汽车却不去 4S 店，而跑到德国奔驰汽车厂去检查汽车生产线？奔驰是一个家喻户晓的品牌，他们应该相信奔驰的最终产品能让他们满意。同样，我们也是咨询行业的'奔驰'。你需要让他们明白这一点。"这正是 P 女士所有的纠结所在。

L 总监又问道："这是你想要的答案吗？"

"哦，是的，这真是太棒了！这对我非常有帮助。"P 女士连忙说道。

随后，P 女士在与客户的沟通交流中，巧妙地用问题引导，让客户明白了过来。

P 女士详细地将问题的背景向 L 总监阐述，但事实上，大多是没必要的。如果需要，L 总监自然会有针对性地问询以便了解情况。过多的阐述不仅会浪费彼此的时间和精力，而且会模糊核心问题，让本来明确而简单的问题复杂化，不利于问题的解决。

这种事或许也会发生在你身上。有下属对你说："我想问你一些事。”之后却花了十几分钟甚至几十分钟的时间去说明他们所遇到的复杂情况的每一个细节。下属在陷入问题中时，难免会产生抱怨、气愤、沮丧等负面情绪，这些情绪导致他们长篇累牍地阐述问题。此时，领导要做的就是，让下属避开各种负面情绪的干扰，始终站在核心问题处。

最好、最有效、最简单的办法就是，问一问下属“你的问题是什么”。这个问题能够帮助下属迅速看清问题的重点——迫使他们将自己的想法具体化，能够让他们首先分清事情的核心是什么，他们真正想要从你那里得到的建议是什么。这就好比早晨透过薄雾照进来的那一缕阳光。

同时，这个问题，还可以减少彼此谈话中的迂回，使沟通能够直奔主题。这对于时间有限的领导们来说是非常重要的。

总之，当下属想要征求你的建议却又含糊其词时；当下属说有问题要问你而又不直截了当地问时；当下属向你征求意见，但由于问题的叙述太过于空泛，从而使你不清楚别人需要你如何给出建议时；你可以这样问：“你的问题是什么？”

优化目标，引导决策：我们要做出怎样的决定

时间正在不停地流逝，H经理不停地看手表，会议什么时候才能结束呢？

这是一次关于一项新规划的会议，是公司高层关于接下来一季度工作的重要指示。不过主题有些模糊——客户至上。

会议开始之前，H经理就向大家传达了主题，希望通过会议大家能够商定出切实可行的方案来。会议开始，大家很快进入了讨论。遗憾的是，下属们的发言并没有那么有针对性，尽管人人都高谈阔论，但更像是故作姿态，让人觉得混乱。

H经理试图让会议更有针对性，他问下属“我们要达到怎样的目的呢”，也试图问每个人“这对客户会有什么样的影响呢”，但大家并未跟着问题的方向进行讨论，仍然固执地播放自己制作的PPT，然后将内容念出来。

会议从中午开始一直进行着，整整4个小时过去了，仍然没有得出H经理想要的结果。马上就要下班了，有人提议第二天再继续。但是H经理知道，即使第二天再继续，也很有可能无法商定出结果，

最后还是要靠自己拍板决定，这与集思广益制订更好的规划的初衷相违背。

在会议结束之前，他想做最后的努力。他说：“我能问大家一个问题吗？我们今天要做出怎样的决定呢？”

“商讨客户至上的规划问题。”一位下属回答道。

“嗯，很不错，这是我们今天要讨论的主题。但我们真正要决定的是，如何去做，从而让客户感受到‘客户至上’。”

下属们认真地看着H经理，若有所思。

“我的意思是，我们要做出怎样明确的决定，之后再进入执行阶段呢？”

在H经理的引导下，他们很快列出5项被认为已经做出决策的事项清单，然后重新围坐到会议桌前，开始逐一讨论以便统一意见。很快，一套很不错的执行方案被确定下来。在过去几个小时也没有解决的问题，因为一个正确的问题，在几十分钟之内就解决了。

“我们要做出怎样的决定呢？”这个问题一方面能够将人引向决策，另一方面能够优化目标，让人更加清楚自己要达成怎样的结果，从而提升工作的整体效率。

优化目标是执行的基础——必须先清楚自己要做成什么样子，才会更有效率地达成目标。否则，就会像正在列一份关于厨房用具的购物清单，却忽视了盛放这些用具的厨房本身。不，比这个更糟糕的是，正在建一个厨房，却不能确定是要建一个偶尔做顿饭的厨房，还是建一个为100桌客人提供服务的餐厅厨房。“我们要做出怎样的决定呢？”这个问题能够帮助下属聚焦在真正想要做的事情上。

人们往往害怕做出决定。作为下属，担心出错，担心得罪了谁，比起要承担责任的决策，不做决定更容易一些。因此，当领导需要下属做出决策时，最好能够通过直接而简单的方式进行引导，否则，他们就很可能无限期地拖延下去。这时，“我们要做出怎样的决定呢”这个问题就派上了用场。

因此在会议开始的时候，在与下属讨论一件重要的事情时，不妨问问下属：“我们要做出怎样的决定呢？”

不断进取，挑战极限：这是你能做到的最好吗

“做得再好一点，再好一点。”乔布斯总是对他的下属们反复强调这样的话，为的就是确保苹果公司的所有产品都得独特而出众，都不辜负用户的期待。他始终执着于制造近乎完美的产品，这为苹果公司走向卓越奠定了基础。

在Mac机研发期间，负责该项目的首席工程师的办公室成了乔布斯频繁到访的地方。“我们来开机试一下。”他对工程师提出了这个要求，为的是亲自测试那台具有划时代意义的Mac样机的开机速度。整个开机过程，它需要测试存储、初始化操作系统以及执行其他一系列的开机指令，因此花费了好几分钟。

“这开机速度实在是太慢了，得让它缩短时间。”这要求听起来简单，做起来却很难。好在经过工程师们夜以继日地刻苦攻坚后，他们的确将开机速度提升了很多。他们以为终于可以交差了。

没想到的是乔布斯却并没有感到满意，而是抛来一句：“这是你能做到的最好吗？”说完头也不回地走了。首席工程师只好带领其他工程师们继续攻坚。又经过几天几夜的技术改进，他们又将开机速度

缩短了几秒。大家都舒了口气，以为不会有什么问题了。可是乔布斯仍不满意，不过他并没有再对大家说什么，而是盯着样机陷入了深思。

旁边的工程师滔滔不绝地为他解说他们是如何思考、采用了何种方法来提升开机速度的，等等。突然，乔布斯打断了他们，说："我敢保证Mac机上市，至少会有500万用户，每人至少每天开机一次，因此，如果你们能把开机时间再缩短10秒，那么每天就节约了5000万秒，那相当于12个人一生的时间，等同于拯救了12个生命。"

乔布斯总结道："显然，这10秒值得我们去努力。你们还能做得更好吗？"

尽管很多Mac机的工程师都认为这不可能，但他们还是愿意去尝试，看看这是不是自己能够做到的最好，看看自己是否能够做得更好一些。于是工程师们再一次按照乔布斯所期待的那样投入工作中，他们也没想到惊喜再次降临，开机时间真的又缩短了10秒钟！

最后，Mac机开机速度快这一性能在上市后获得了用户的极大肯定。

乔布斯要求下属永不停止地进取，用"让一切好一点，再好一点"的原则来鞭策下属，这才带领下属创造了一个又一个的佳绩，才使苹果公司成了世界顶级的公司。

领导都渴望带领下属们做出成绩、创造卓越。然而，你身边的人又有几个是在倾尽全力地将自己的工作做到极致呢？身为领导，又可以用什么样的方式去激励下属将工作做到最好呢？大家不妨像乔布斯一样问问下属：“这是你能做到的最好吗？”

这个问题将敦促、激励下属们竭尽全力将工作做到尽善尽美。

M先生写好企划报告后，把它交给了上司J经理。第二天，J经理却只是问M先生：“这是你能做到的最好吗？”

“我想是的。不过我愿意再试试看能不能做得更好些。”M先生回答道。于是，M先生又重写了那份报告。

几天后，M先生再一次将报告交给了J经理。J经理又一次问他：“这真的是你能做到的最好吗？”

M先生笃定地点着头说：“我认为是的，但是您既然这么问了，我想还是应该再试一下。”之后，M先生总共递交了5次报告，每次，J经理都问他：“这是你能做到的最好吗？”

当M先生将修改过的第6份报告递交给J经理时，J经理又问了同样的问题。这次，M先生真的恼了，他说：“我已经绞尽脑汁了，这已经是第6遍修改了，我再没有什么能够修改的了。”

这时，J经理满是赞赏地看着M先生，说：“如果是这样的话，我现在就开始看这份报告。”

很多时候人们总是认为完成任务就好，但实际上完全可以再做得更好。即使认为自己做得很不错了，其实也还有很大的提升空间。“这是你能做到的最好吗？”这个问题能够让人反思自己的表现，探索提升、改善的空间，从而挖掘出充分的潜力，拥有更加卓越的工作表现。

因此，为了帮助下属成就他们认为自己不可能做到的事情，领导不妨多问问下属：“这是你能做到的最好吗？”

值得注意的是，多问也要分时候，不能滥问。要知道，这是一个非同寻常的强有力的问题，反复几次之后它很可能让人疯狂。所以，问这个问题还是要把握时机的，比如当你想要助力下属将他的潜能发挥到极致的时候，当你希望下属全力以赴去做事情的时候，当你期待下属能够勇敢地超越自我的时候，那就不妨适时地问出这个问题。但是，平时最好不要反复问这个问题，否则，你很可能被冠以“苛刻”之名，给管理工作带来不利影响。

抽丝剥茧，循循善诱：你最想把时间花在哪一方面？你希望自己可以在哪个方面少做点

午餐时间到了，W 经理正和他很看好的一位下属 K 先生在餐厅共进午餐。W 经理时常和下属共进午餐，利用进餐的空当进行交流。这种交流跨越了上下级的鸿沟，能增加彼此的好感度，能使彼此间建立起更加亲密的关系，能使领导对下属的引导更有效果。

很快，两人进餐完毕，当服务员来收餐盘时，他们沉默了一会儿。W 经理抬头看着 K 先生，问："最近怎么样？一切都还好吧？"

"嗯，都还不错。"K 先生回答道，沉默了几秒钟之后，他接着说，"但也有些不尽如人意的地方。"

"唉……您知道，我觉得似乎总有做不完的事，寻找客户资源、会见供应商，而且我还带了一个销售小组，每天都有各种各样烦琐的组织内部的管理工作。如果可以，真希望一天 24 小时能变成 48 小时。"K 先生叹了口气说道。

W 经理深深吸了一口气，停顿片刻，好像在思考着什么，然后问道："K，你已经担任销售小组组长半年了，应该对工作的各方面都比较熟悉了。那么，当你想到工作时，你最想把时间花在哪些

事务上面？又希望哪方面的事务能够少一些呢？”

K先生迟疑了片刻，可以看出他正在认真地思考。“嗯，从来没有人这样问过我。”他停顿了一下说道，“首先，我希望自己能够有更多的时间来指导和督促小组成员工作，我想要在管理这条路上走得更远一些；其次，我有一个很不错的客户计划，如果真的能够实施的话，应该能为公司扩充至少30%的客户资源，不过到目前为止很多细节都还没有处理好……”

一个小时过去了，就餐的人陆续离开，本来拥挤的餐厅空了下来。

W经理已经了解到许多之前他从未想过的但下属（K先生）已经在考虑的问题，也知道了下属为什么如此沮丧，更明白了下属希望集中精力去做擅长的事。

这次交流后，K先生果断地从组员中提拔了一位当自己的助手，而自己则将更多的时间和精力用在管理工作和客户计划上。在这个过程中，他不仅感觉更加轻松了，工作的热情也是前所未有的高涨。

几个月后，K先生的客户计划成功了，而W经理也因此得到了公司的嘉奖。

面对与W经理类似的情况，许多领导都会选择帮助下属分析工作细节，然后抽丝剥茧地找出问题，之后再给予一些建议，比如采用更有效率的工作流程、提升小组工作效率等，这或许能够在一定程度上提升下属的工作效率，但并不能减轻下属的压力，也无法激发出下属的工作热情与自我能动性，故往往收效甚微。可以说，这个工作对于领导来说吃力不讨好。

而询问下属“工作中，你最想把时间花在哪一方面”“你又希望自己可以在哪个方面少做一点”这类问题，能够让下属对自己工作的整体状况进行反思，从而让下属对自己的角色和最优先的工作事务有一个全新的认识，帮助下属从全局来看工作，同时从个人的长处、意愿去看待工作，进而将时间和精力进行更加合理的分配，并且更有热情地工作，而自己也更加轻松。

影响人们支配自己时间的因素很多，以往的教训、他人的要求、自己对追寻捷径的执着等。很多时候，下属都会陷入对时间利用不合理的误区中，进而影响了自己的工作效率。而“工作中，你最想把时间花在哪一方面”“你又希望自己可以在哪个方面少做一点”这类问题能够帮助下属反思，懂得时间分配的学问，从根本上脱离低效率。

因此，当你发现下属总是被各种烦琐事务包围、疲于奔命时，当你发现下属陷入忙乱中时，询问一下下属“工作中，你最想把时间花在哪一方面”“你又希望自己可以在哪个方面少做一点”这类问题，好的改变将由此开始。

抓住动机，厘清需求：为什么要做这些

一张巨大的会议桌旁围坐着18位银行的理财投资专员，他们正在H主任的带领下就如何以客户为中心而非以生产为驱动力展开工作进行讨论。这将使他们走在行业的最前面，并跨入一个以客户为中心的新时代。

他们将自己的观点置于炫目的PPT中，PPT中包含许多溢美之词，比如“最大限度地”“步调一致地”“加强协同”“全心全意”等，但从这些内容中半点也看不出以客户为中心的意思。简单地说，那些内容听上去还不错，但实际上没有任何特色，也无法让人振奋。

主持会议的H主任，只觉得一阵无力。他不得不打断下属说：“我有一个问题要问大家，我们现在坐在这里为以客户为中心而努力，那么，我们为什么这样做呢？”

接下来，H主任静静地等待下属的回答，既没有重复刚才的问题，也没有煞费苦心地解释他的意思。

会议室变得很安静。之后慢慢地，才有人露出了恍然大悟的笑容，大家也纷纷开始发言。

“我希望看到客户感受到我们提供服务的巨大差异之后惊喜的表情。”

“客户就是上帝，他们会在职业道路上走得更远、更好。”

“那样我会觉得像是驾驶着救生艇巡查海面，看是否有机会提供帮助，感觉自己像救世主一样高尚而伟大。”

“我喜欢那种深交的个人关系，我享受和客户建立深交的个人关系的过程。”

……

H主任微笑地看着他们，整个会议室似乎被下属的工作热情点亮，他们散发出来的能量，可以感染任何人。

随后，下属们不再进行八股套话、缺乏特色的讨论，在工作热情的驱使下，他们想出了很多令人振奋的点子，比如，提供投资分析服务、投资者类型评估等。可以想见，这些建议对银行从基于销售更多产品和追求高额回报的企业向帮助客户达成他们最重要目标的企业转变带来了多么大的帮助。

从毫无特色的套话到热情四溢、充满个人特色的激情讨论，H主任只用了一个问题——“我们为什么要这样做呢”，就办到了。

每个人做事都有自己的理由，或者说是动机。作为领导，忽视下属做事的理由或动机，而只谈“应该”“应当”，势必会让下属的所有喜悦和激情都枯竭。没有人能够为了“应该”“应当”去做什么而兴奋不已。相反，当领导揭开下属为什么去工作、去采取行动的真实面纱时，就等同于激活了他们的激情、能量和兴奋点。

“我们为什么要这样做呢”这个问题能够让下属重新记起自己工作、采取行动的理由，从而重新找回激情、能量，如此一来，在工作的过程中也会更富有创意、更有效率。

停止抱怨，立刻行动：你希望他们做些什么改善

Q 经理就下属 T 先生的工作问题进行了一次沟通。沟通一开始就显得非常糟糕。Q 经理非常担心项目的成败，沟通中却发现 T 先生根本没有按照他所嘱咐的那样去做，事情向着不可知的方向发展——尽管成功的话会获得更大的利润，但失败的风险也增加了很多。

“这简直乱套了，”T 先生抱怨着，“他们引进了一个工作小组，在我看来，那完全是多余的，完全解决不了任何问题，工作小组只会找碴儿，我不明白他们能解决什么问题，制造问题还差不多。”他对着 Q 经理批评、抱怨了整整 25 分钟。他不断抱怨自己负责的项目至今还没有结果，指责合作方形式主义，太过于关注内部的那些事。但显然，他提及的并非事实的全部，忽略了项目所面临的资金缺口，也没有提及他们应该从哪里入手来改善情况。

Q 经理之所以与 T 先生谈话，是想要帮助他尽快圆满完成项目，但现在的情况显然是“好心没好报”。

Q经理看了看手表，离外出还有5分钟，他轻轻插了一句："T，我能问你一个问题吗？"

"当然。"T先生回答道。

"你希望对方能够做些什么改善呢？"Q经理问。

之后，T先生沉默了片刻。接着他开始说他希望看到的改变："我认为他们有5件事需要做改善。首先，他们最好能够制订一个项目计划表和事务导图……"他不再抱怨了，气氛也变得缓和起来。这就像是被施了魔法，暴风雨停止了，一切又重新恢复了平静。

这时，他们才真正进入关于这些事情的实质性讨论中。Q经理才得以给予T先生实质性的帮助。

一个好问题就像一剂能够抚平情绪的良药，能将人拉回到真正重要的事情上来。当Q经理问T先生"你希望他们做些什么改善"时，他就将脱轨的对话重新拉回到正确的轨道上来了。

抱怨、批评对工作并没有什么帮助，甚至很可能错失良机，使事情变得更糟。人一旦陷入抱怨、批评的情绪中，无论他人说什么，都会听不进去。因此，领导在进行教导、协助之前，一定要先想办法将下属从抱怨、批评中引导到解决问题上来。

"他们必须做出改变！"这是一种普遍存在的批评之声，也是抱怨的目的。批评和抱怨是会传染的。如果你能让陷入抱怨、批评中的下属聚焦在自己所希望看到的行为上，你就能够建立起强有力的直接对话，也能够将抱怨和批评之声转化为关于如何继续前行的建设性沟通，并帮助下属重塑对问题的理解，从而让他们更有效地完成工作。

“你希望他们做些什么改善呢？”这个问题能够有效地将人从批评、抱怨中引导到解决问题的轨道上。

追根溯源，把握核心：为什么

R 总监是某公司的销售总监。一天，他的下属 Y 女士向他提了一个要求——请专家对销售人员进行培训。Y 女士是一个销售小组的组长，她深感达到预定销售额艰难，迫切地想要提升组员的销售能力和技巧，以达到提升销售额的目的。

面对下属的这个提议，R 总监并没有立刻拍板，而是回复道："在我看来，培训固然有一定的效果，但是却不一定是最好的选择。"显然，Y 女士不高兴了，她最想要的就是进行销售培训。然而，作为领导，R 总监却不能轻率地同意，他必须弄清核心在哪里。

"为什么想要进行销售培训呢？你觉得我们的销售人员还不合格？" R 总监问出了第一个为什么。

"当然不是！我们的销售人员在业内可是无可挑剔的。我只是认为，我们需要不断提高销售人员的技巧。"

下属的话音刚落，R 总监马上就提出了第二个为什么："为什么你会觉得我们的销售人员需要提高技巧呢？"

"要想在开发新客户方面提升效率，自然需要提高销售人员的技巧。”

听完这句话，R总监又问了她第三个为什么：“为什么你会认为我们需要提升新客户开发方面的效率呢？”

Y女士觉得领导的问题简直滑天下之大稽，做销售的不提升新客户开发的效率还怎么做出业绩！

不过她还是继续回答了总监的问题：“自然是因为我们现有的客户不足以支撑起我们与日俱增的销售额。”

至此，似乎离核心问题越来越近了。

此时的R总监又问了第四个为什么：“为什么不能提升现有客户的销售额呢？”

此话一落，两个人都沉默了。Y女士更是陷入沉思，而R总监也没再继续问为什么，在他看来，这时的沉默是富有成效的，他不能将其打破，而是静等下属开口。

“嗯，我们小组的客户一直都有流失，今年上半年就流失了20%。”

R总监不动声色地重复了一遍Y女士说出的数据：“20%。”谁也无法从这声音中听出什么情绪或者有什么判断。

然后，R总监把第五个为什么问了出来：“为什么会有这么多的客户流失呢？”

“因为我们的竞争对手太多了，为了跟我们抢客户，他们甚至不惜以低于成本的价格来诱惑客户，不过他们这种方式也难以长久。”

“为什么只是低价竞争就造成了如此巨大的客户流失呢？”R总监问出了他的最后一个“为什么”。

之后，Y女士询问了手下的销售人员，也拜访了他们流失的客户。真正的问题很快浮出水面——低价竞争的冲击并非主要原因，真正的原因是销售人员完成销售之后与客户的联络不够密切。

显然，如果这个问题不解决，即使进行销售培训也无济于事。R总监通过“为什么”帮Y女士找到了问题的核心。

正因为有了R总监问Y女士的六个“为什么”，问题的核心才浮出水面。“为什么”的问题能够让人不断地探寻究竟，追根溯源，从而找到问题的关键所在。

“为什么……”这显然是一个极其有效的提问。一旦领导问出这样的问题，被问的人就会开始更加深入地思考自己究竟在做什么，并一步步地接近问题的核心；它同时还会让被问的人暂停下来积极反思，深入审视自己的行动，从而不至于机械化地做事情。

当你想要弄清楚问题发生的根源时，当你想要了解下属的动机时，当下属想要去做一件事，但你不能肯定这样做是否真的需要时，不妨多问他们几个“为什么”。

不过我们还需要考虑到，在问“为什么”的时候，一定不要选错了提问的时间和对象，否则很可能会适得其反。因为有时候听者会认为你是在批评、挑剔或者故意找碴儿，从而引起听者的反感。

因此，在问“为什么”时一定要谨慎地判断是否合适。同时也要注意语气语调的处理，尽可能地平和一些，让人听起来就像是很随意地在讨论某一件事。

及时指导，促进决策：这对于既定的目标有何促进作用

正确决策的能力，只要领导自己拥有就足够了吗？如果这样的话，领导一定会忙死。是否答应客户的请求，立刻去做还是等看清情况再说，计划是否有上报的必要……倘若各种各样的事情都要领导去决策，然后指示下属行动的话，领导势必不堪重负。

下属能够正确决策，是难能可贵的，是成为领导得力助手的必要条件。然而，问题的关键是，如何让下属正确决策呢？从下面的案例中，我们或许能够得到启发。

C 经理是一家保健公司的企划部经理。这家保健公司资产过亿，运行良好，最近正在扩展规模。

在企划部工作的 R 先生很看好与公司同在一个地区的一家私立医院，虽然它规模相对较小，但在心脑血管研究方面颇有建树。

“我想我们可以收购这家私立医院，它在心脑血管研究方面的出色表现对我们所推行的老年保健计划会有一定帮助。”R 先生这样告诉 C 经理，“它拥有好几位非常出色的心脑血管专家，将他们

收归公司的旗下，还可以填补公司业务的一项空白。”

“R，我知道你的意思了。”C经理说道，“你一直以来都很有进取心，也正是由于你的努力，公司做成了好几个非常不错的项目，使得公司更加具有市场地位。”说完这些，C经理接着问道：“然而，我想问一下我们公司的目标是什么？”

“我一直记得，片刻不敢忘记。我们公司的目标就是为维护生命健康和预防疾病提供最有效的方案，并以尽可能低的成本给客户提供最周到的和最负责任的保健服务。”R先生自信地说道。C经理停顿了片刻，仿佛在思考着什么，然后接着问他：“那这一收购计划对公司的目标能够起到什么促进作用呢？收购的核心目的又是什么？”

“嗯？”R先生沉吟了一下，可以看出在此之前他从没有思考过这个问题。R先生过了一会儿接着说：“是的，我只看到了一次扩张的机会，你知道，这会在很大程度上提升公司的影响力。”

C经理知道R先生仍未明白收购计划到底是否可行，于是他接着问：“请告诉我，在公司的目标中，哪一点体现了我们需要收购这家医院呢？如果我们收购，很可能会断送这家以心脑血管科研究而闻名的医院。他们的医生会因为这次收购而面临被解散的命运。”

接下来，C经理没有再说什么，只是安静地坐在那里。过了一会儿，他才开口说道：“R，我是问你，收购这家医院对我们的目标有什么促进作用呢？这项收购计划是否和公司的目标一致呢？”

“R”，C经理补充道，“我们都明白扩张是为了更好，但更大未必意味着更好！”

最后，R先生露出了了然的笑容。

显然，C经理是一位非常不错的领导，至少在带人方面的确如此。他利用问题循循善诱，引导下属做出正确的决策，这很值得领导们借鉴。

通常情况下，人们在做决策的时候，往往会被诸多因素所影响，比如人原有的雄心壮志，又比如时下的流行趋势等。然而，目标就是一切！当下属面临决策时，如果能够想想“这对于既定的目标有何促进作用呢”这个问题，便能够轻松地做出正确决策——对目标有促进作用的计划值得实施。相反，对目标没有促进作用的，无论它听起来多么美妙，都没有实施的必要。

为了培养起下属正确决策的能力，领导们不妨时常用“这对于既定的目标有何促进作用呢”这个问题问下属。一旦下属被养成面临决策就思考这个问题的习惯，下属正确决策的能力就会得到提升，而不必再事事向领导询问，领导也能从繁杂的事务中获得某种程度上的解放，轻松一些。

值得一提的是，并非只有下属做决策时，领导才有必要问下属这个问题。事实上，当你看到下属正在做与目标不相符的事时，当你怀疑下属没有对目标进行周全思考时，你都可以问下属这个问题，从而修正下属的工作。

第三章

懂得提问，让带人变得更简单

在问题中提升领导形象

在带人的过程中，领导是否善于提问，在很大程度上决定了带人的效果。不善于提问，在与下属的交流中，就容易成为下属眼里拥有咄咄逼人、只会说教、空喊口号等负面形象的人，无论怎么说、说再多，都难以产生效果。在下面的对话中，我们在括号内备注了下属的内心想法，以便大家明白为什么平常我们一直在使用的发问法收效甚微。

任职于某数码产品公司的K经理是推广部的领导，认真、重情。对于那些看起来很安静的下属，总担心他们没办法把事情做好，因此拼命地想鼓励对方。然而很遗憾的是，K经理的一片好心，似乎并没有传达到下属的心里。问题究竟出在哪里呢？一起来看看K经理是怎样带团队、管下属的吧！

新产品发表促销活动举行两周前

K经理："新产品的促销活动终于要开始了！最后两周，一定要努力，好好准备！务必让促销活动圆满成功！”

下属：“啊……是。”（这人老是只有气势，没别的东西啊！）

K经理：“搞什么？怎么这么没精神呢！对了，这是你第一次负责大型活动啊！虽然很辛苦，却是难得的机会，好好努力啊！”

下属：“嗯，我知道了。”（你只会在这里喊口号，却根本没有协助我啊！）

K经理：“怎么啦，声音这么小，没事吧？”

下属：“……没事。”（我要是说有事一定会被骂，所以也只能说没事啊，但其实担心的事一大堆呢。）

活动开始3天前

K经理：“好！终于要正式开始了！对了，之前提到的产品说明书，预计什么时候能送达呢？”

下属：“关于这件事……”（惨了，被问到最不想被问到的事了，该怎么办？）

K经理：“嗯？有什么问题吗？”

下属：“因为需要修改的地方很多，以至于送进印刷厂的时间延迟了……我想当天上午应该能送到会场的……”（这可不只是我的错啊！）

K经理：“要是送不到的话怎么办？我之前不是才告诫过，任何事都要严格地按照时间计划表来，不是吗？”

下属：“……对不起。”（这种事不用你说我也知道。）

K经理：“到时连发给顾客的资料都没有，也太难看了吧。印刷厂那边怎么说的？”

下属：“……”（我要是再找什么借口一定又要被骂了，还是闭嘴好了。）

K经理：“要是连现在什么状况都不知道，怎么解决问题呢？怎么会搞成这样？”

下属：“……”（我还是闭嘴好了，再说什么也没有用。）

K经理：“你不说清楚我怎么会知道呢？”

下属：“……我会试着联系印刷厂。”（就算联系印刷厂，他们也只会说“我也不知道”。不过现在这样说应该可以过关吧！）

K经理：“任何事都是看到底是不是用心去做，不是吗？你到底在想些什么呢？”

下属：“我会用心去做……”（又来了，莫名其妙的说教。）

K经理：“好吧，好好用心去做。”

以上事例，试着想象下属内心的想法。如此一来应该能够较轻易地了解，领导的一言一语是如何影响下属的心理的。

接着就来检验看看吧。在这一连串的对话中，首先让我很在意的是领导的说话方式。

比如，对话最后的部分：“任何事都是看到底是不是用心去做，不是吗？你到底在想些什么呢？”领导以这样的话逼问下属，乍看之下似乎是“用心”“不用心”二选一的选择题，然而，面对这样咄咄逼人的领导，应该没有下属敢回答“不用心”吧。

换言之，这是一种让对方失去回答意愿的发问法。一开始的

“怎么啦，声音这么小，没事吧”这句话，也有同样的问题。下属即使有千千万万担心的事，在这种情况下也只能回答“没事”了。

以当时的情况，下属除了“我会用心做”无法再有别的选择，为什么明知如此，K 经理还是以二选一的方式发问呢？

对于这个问题，K 经理如此回答：“我想，可能是想让语气听起来和缓一些吧。要是不尽量和缓一点，彼此的关系会变得更紧张了……”

也就是说，用二选一的方式发问，其实是 K 经理的一种体贴，然而实际上并没有达到任何的实质效果。

如果成为提问专家，懂得通过提问来带人、管理员工，情况就会好很多。

新产品发表促销活动举行前 3 个月

K 经理：“再过 3 个月，就是新产品的促销活动了！接下来好好地准备吧。一定要顺利完成！”

下属：“是。”

K 经理：“那么，先来确认这次新产品促销活动的相关事项吧。这次的促销活动，是为了什么而举行的呢？”

下属：“是为了向顾客推销本公司的新产品。这次的活动首先要向各代理商、零售店的负责人进行说明，然后再针对一般消费者进行宣传促销活动。”

K 经理：“此外还有一点，这次的新产品是花了两年的时间研发，并背负着今后公司成败关键的重点产品，因此是否能一开始就吸引众人的目光，是非常重要的。”

下属：“的确是这样，没错。”

K经理：“那么，这次说明会的目标是什么？你觉得活动结束后，最佳状况是怎样的？”

下属：“希望最后客户的订单量能比往年增加两倍。若以数据来说，总共是××万元。”

K经理：“没错！”

下属：“很大一笔数目。”

K经理：“这可是关系到公司前途的新产品啊！好，为了达到这个数字，大家在各个阶段必须做些什么呢？接着就来分配吧。”

活动举行前3天

K经理：“准备进行得如何？有哪些事进行得特别顺利呢？”

下属：“预备在说明会上使用的产品海报制作得非常好！要是放在公司的网站或微博上，想必会大受欢迎吧。”

K经理：“太好了！星期一开会时，也跟网站的负责人好好谈一谈详细内容吧。”

下属：“知道了。”

K经理：“另外，有什么伤脑筋的事吗？有什么需要我帮忙的吗？”

下属：“老实说，活动当天要发给大家的产品说明书，我有点担心会来不及。很多地方都进行了反复的修改，设计上也做了好几次修改，所以日程上比预期的有所延误……”

K经理:“要是来不及送达，会有什么问题？”

下属:“产品的说服力、宣传力都会降低，活动给客户的感觉也不够正式。”

K经理:“那你有什么对策吗？”

下属:“嗯……向印刷厂确认交货时间，请他们尽量快一点。要是真的来不及，就用公司的彩色打印机打印出来。”

K经理:“既然你已经想到最糟的情况，也有了应对办法，那我就放心了。去工作吧！”

正确的发问法，让带人变得简单，而下属也变得配合、得力。那么，领导们为什么不成为提问专家，让带人变得简单，让下属变得得力呢?

抛出问题，改变既定思维模式

G 先生是一位程序开发员，为手机提供各种软件支持。他曾开发出许多备受用户欢迎的 App（客户端应用程序），比如能将人物图片转换为卡通人物形象的卡通照相机、界面唯美的女性音频播放器等。

最近，G 先生提出应该开发一个通信管理的 App，该 App 可以将脸书、QQ、微信等通信 App 进行统一管理，有了这个 App，用户就不必在各种通信 App 之间来回切换了。G 先生觉得这个主意非常好，有非常大甚至可以说是无限的市场，只要用手机就都能用到这个 App。然而，让他意想不到的是，一向很支持他工作的上司却反对投入人力和物力开发这个 App。上司说："这个 App 投入过大，并且还涉及与微信、QQ 等 App 开发商的合作问题，很复杂，而且收益的不确定性很大。"

G 先生并不认为上司的说法合理，他觉得上司是在找理由敷衍自己——那么广大的用户群，怎么可能会收益不确定？后来，他又向上司提了几次，上司还是那套说辞，不过解释得更细致了，还列举了各种数据，但G先生仍然不认同。

当然，G先生的不满情绪，上司也有所察觉。上司也在思考要如何与G先生沟通，让他能够明白自己的用心，但解释也解释过不止一次了，到底要怎样说才能达到效果呢？几经思考，上司定下了方案。

“还在想那个App的事？”上司问道。

G先生：“嗯，我始终觉得那个App很值得尝试。”

上司叹了口气，说：“好吧！如果你能回答我一个问题，我会考虑开发那个App。那个App对很多人来说都有用，但到底有多少人对它会有需求呢？”

G先生：“很多啊！只要使用通信App的用户，就会有需求。”

上司：“是这样吗？如果你已经习惯工作方面用脸书、私人联络用QQ，你会需要新的App将它们混为一谈吗？又或者你只使用某一种通信App，你还需要一种新的App来管理它吗？”

G先生陷入了沉默。

最后，上司问道：“没有需求，又哪来的收益呢？”这一刻，G先生如拨云见日，终于明白了上司的意图。

怎么说也说不通的G先生，在上司几个问题的引导下很快就想明白了。“那个App对很多人来说都有用，但到底有多少人对它会有需求呢”直击问题关键点；“是这样吗？如果你已经习惯工作方面用脸书、私人联络用QQ，你会需要新的App将它们混为一谈吗？又或者你只使用某一种通信App，你还需要一种新的App来管理它吗”提出疑问，重新架构 G 先生的认知；“没有需求，又哪来的收益呢”如醍醐灌顶，给 G 先生以深刻的启发。

由此可见，提问往往会使该问题得以重新架构和定义，进而挑战人的思维，给人以极大的启发，从而帮助听者跳出固有的思维模式，积极地转换角度，努力地去学习和发现更多的东西。所以说，有技巧地提问，能够给下属带来有力的启发，从而让下属产生巨大的改变。

对于领导来说，提问是带人的利器，既是教化工具，也是改变下属的工作方式。好领导总能适时提出好的问题，并通过提问对下属产生巨大的影响。

让下属带着问题去锻炼

下属："主任，据说这季的货不能按时抵达了，铁路货运、公路货运都爆仓了。您看这怎么处理？"

N主任："那就去联系空运。运费多个一两成都没问题，但必须保证货能按时抵达。"

一会儿，下属又回来了，汇报道："货运那边说，如果空运的话，运费至少要上浮25个百分点。您看还空运吗？还是等陆运？"

N主任："去跟他们说，本来货物不能按时抵达就是他们的责任。我们理解他们的难处，但改空运运费最多多出10%，也请他们理解我们的难处，我们的预算非常有限。"

本以为这下子事情应该完了，谁知道几分钟后下属又回来了："他们说，要不还是改陆运吧，他们盯紧一点，应该能按时送达。您看呢？"

N主任："什么叫应该？如果他们能确保按时送达，陆运没问题。如果他们没有十成把握，还是空运吧。不然，如果真出了问题，我们一定会追讨赔偿。"

……

就这样，来回折腾，下属还是没能处理好。最后仍是N主任与货运公司进行沟通才将问题处理好。

作为领导，N主任有时真的觉得非常疲累，下属绝大多数都是什么事都要问。他很羡慕那些拥有得力下属的领导。

其实，像N主任这样缺乏得力下属的领导很普遍，而拥有得力下属的领导则是少数。那么，为什么下属只知道听令行事，完全不具备自己解决问题的能力呢？

看看N主任管理下属的具体例子，我们很容易发现，当下属遇到问题，向N主任寻求帮助的时候，N主任总是直接将答案告诉下属。久而久之，势必会养成下属依靠领导解决问题的习惯。如此一来，自然只能是下属不得力，领导累得要死。

通常情况下，领导想要教会下属尽快上手工作，处理问题，一开始都会带着下属处理一些事务，让下属看自己是怎么处理的；然后将事务交到下属手上，让下属着手去做，等下属遇到问题了，再出手帮助。领导们大都是这样做的，区别在于，有的领导的帮助是直接给答案，有的领导的帮助是引导下属自己去思考、寻找解决问题的办法。

要知道，并不是每个人都有足够的悟性能够从领导给的答案中找到处理问题的思路，更多的是渐渐地更依赖于领导给出的答案。因此，领导应该选择一种更直接有效的方法来引导下属去思考、去寻找解决问题的途径。

以上面N主任为例，如果N主任能够这样带人，下属可能就会得力很多。

下属："主任，据说这季的货不能按时抵达了，铁路货运、公路货运都爆仓了。您看这怎么处理？"

N主任："无论如何货必须按时抵达，你有什么办法吗？"

下属："或许可以改空运，只是运费可能会上浮。"

N主任："嗯，空运的确更加保险，运费上浮也是情理之中。我们现在的预算是××，你觉得上浮多少是合理的，我们能够接受的呢？"

下属："10%～20%吧，低于10%，货运公司那边肯定不会同意，但高于20%的话，我们的预算会很困难。"

N主任："对，的确是这样。但我想货运公司一定会尽可能地争取更多的运输费用，你要如何说服他们接受10%，而不是20%，甚至更高呢？"

……

这样通过一个一个的问题引导下属一步一步去解决问题，在解决问题的过程中，下属自主解决问题的能力将得到锻炼。渐渐地，下属势必能从一个什么都不懂的新人成长为领导的得力助手。

所以，在带人的过程中，领导要多问下属问题，而不是直接给下属答案。

像苏格拉底一样思考与提问

想象一下这样的场景：

你从出生开始就被锁在一个伸手不见五指的山洞里，面对着一堵墙，身后是一堆篝火，它将各种光影投射到你眼前的那面墙上。因为你被锁住了，无法转身，所以不知道光影从何而来，你仅能看到你面前的这堵墙。

接下来，你把时间都花在琢磨墙上的光影上。这些光影不停舞动变化着位置。你赋予这些光影某些意义，并不断地揣测着它们变化的原因。你猜想一定是谁故意弄出这样的影子。这些光影离你如此近，以至于你仿佛都能看到黑暗山洞外面的真实世界了。

那么，通过看到的这些光影，你得到的生活感悟是什么？你只能看到现实投射在山洞墙上的光影，而非真实的东西。你是否意识到你的认知是多么贫乏？你对世界即将发生的事情了解如此有限，就像你面对山洞的墙时一样困顿？

上面描述的这种场景，苏格拉底称为“洞穴理论”。其实，大多数人都像上面所提及的囚徒一样，认知贫乏，了解有限。

同样，在管理工作中，领导的眼前也充满了迷雾。

一位下属正在向你阐述他所负责项目的意外事故，他的描述会客观吗？你看到另一位下属工作时无精打采，提出批评，但你所做出的评价真的正确吗？还有一位下属无论你怎么说，总是一副无精打采、沮丧无比的样子，你真的无计可施，只能听之任之吗？……你真正看到的只是那些光影——那些过滤了的带有主观偏见、不客观、不全面的事物。我们基本上和那些在苏格拉底“洞穴理论”中被困在一堵墙前的囚犯没什么区别。

但不必担心、忧虑、沮丧。从某种意义上来说，提问就是帮助我们拨开虚幻迷雾，看清周边现实世界，从而更好地解决问题的有效工具。苏格拉底就曾运用提问成功拨开了迷雾，进而教出了许多优秀的学生。

苏格拉底生活在古希腊，是一位杰出的、善于提出有影响力的问题的大师。他在教授学生时，并不采用演讲的方式，而是向学生提一系列发人深省的问题。通过这些问题，他鼓励学生在学习中改变自己的思维。他总是能通过问题揭示出事情的本质。与直接阐述相比，提问或许会慢一点，但却总能直达事情的核心。

苏格拉底总是以“什么是美德”或“什么是美好”这些大家无比熟悉、经常使用的问题来开始自己的课程。今天，世界上的许多大学都在教学中采用了这种方法，就连哈佛大学商学院也对苏格拉底的提问教授法推崇无比，在教学中随时应用。

苏格拉底说:“人类最高级的智慧就是向自己或向别人提问。”

那么，领导为什么不将提问运用于自己带人的工作中呢？苏格拉底能够以此培养出众多出类拔萃的学生，哈佛商学院能够以此培养出众多的精英，领导们也一定能够以此培养出属于自己的得力助手。

具体地说，领导的带人工作要从提问开始，而不是去阐述、演讲或命令。

不要说“我们需要改进客服质量”，而要试着问“你觉得我们的客服水平如何”，或者“我们的服务将对客户的去留产生怎样的影响”。

不要说“按照规定，如果你这个月的业绩额再不达标，你将不再有奖金”，而要试着问“关于这个月的业绩额，你是怎么打算的”，或者“有没有什么想法能提高业绩额的”。

不要说“我们需要更多的创新”，而要问“你眼中的创新是什么样子”，或者“到底什么才算是创新”。

……

诸如此类的问题能够引导下属进入更深层次的探索中，能够引起下属的思考，让下属充分地参与到解决问题中来。如此一来，领导便不再是为下属收拾烂摊子的人，每天劳心劳力，而成了伟大的导师——引导下属走上正确的方向，而不是将自己的观点强加于人，收获更多能自主思考、解决问题的得力助手，自己的工作也将轻松许多。

最后，为大家附上一张表格，以便大家更清楚地了解应该如何用发问来带人。

不要这样做	应该这样做
直接告诉下属	问下属发人深省的问题
成为一名答疑解惑的“专家”	向下属询问意见
成为掌控者	通过问题帮助下属进行自我体验
直接给出某个词语的意思	询问某个词语的意思
要求解决方案	从他人处征求解决方案

答案自在问题中

领导不仅仅是发号施令那么简单，还必须担负起“教化”的工作——让下属明白那些他们应该明白却还不明白的知识和技巧。简单地说，领导在带队工作时，要做到随时能够给下属答疑解惑，并且要能够为他们提供必要的帮助，从而使他们得以做好工作。

正是因为很多领导看到了这一点，所以在下属前来询问或有所不解时，他们往往会不遗余力地进行详细解答，仿佛只要自己说得更多一些、更详细一些，下属的工作表现就会更好一点。但事实真的是这样吗?

G 经理是某大型企业的公关部经理，刚接到一个接待任务，对方是国外某集团派遣的一个考察团。这次考察的结果关系到双方合作能否达成，关系到 G 经理所在企业的长远发展。因此，G 经理对这次接待任务可以说是前所未有的重视。

一回到部门，G 经理就召集下属开会。会议上，G 经理直奔主题，向下属传达了接待任务，并将每个人负责的事务做了大致安排，随后问道："有什么不明白的吗？"

一位下属问："能介绍一下对方的具体情况吗？"

听到下属询问，G经理很高兴，因为这代表下属对这次任务上心了。为了让下属能更加了解要接待的对象，他开始了滔滔不绝的讲述——从考察团的成员组成，到每个成员的背景、爱好；从考察团的主要目的，到成员个人的履历，甚至连成员为了女友而转行却因此找到更适合自己的舞台，也一一讲述。G经理说得绘声绘色，就像那些都是亲身经历一般。他不能忍受自己有所疏漏，他相信自己的详细介绍一定能够切实地帮到下属。

然而，当他从"演讲"中回过神来，观察下属们的反应，他不禁心生怀疑。看看下属们，有的昏昏欲睡，有的发呆走神，有的满脸不耐烦，只有一两个人在认真地做着笔记。

显然，G经理所传达的信息对下属的工作都是有帮助的。遗憾的是，下属并没有意识到这一点。面对这种情况，领导生气在所难免，不过更重要的是如何扭转局面。

通常而言，人们总是更侧重于关注自己需要的信息，而自动忽略或者屏蔽自己不需要或者自己觉得并不重要的信息。所以，作为领导，试着用问题去引导下属，或许能达到出其不意的效果。你的提问能够让下属明白他究竟应该知道的是什么，如此他也才能直截了当地给出回答。我们不妨让上例中的G经理这样做：

下属："麻烦您把对方的具体情况介绍一下吧。"

G经理："你想了解哪方面的具体情况呢？"

下属想了想说："了解一下他们的生活习惯吧。上次就是因为忽略了这一点，差点就耽误了大事。"

G经理："能够从上次的事情中吸取教训，很值得表扬！你提出的这一点的确很重要，据我了解，考察团里还真有一位生活习惯很特殊，他们的考察团团长，午餐和晚餐时都喜欢来一杯烈酒。对了，你知道××人的饮食、生活习惯吧？"

下属："大体还是知道的。"

G经理："他们都是××人，具体的情况你再去网上查一下或者找人问问。"

看，与答案相比，问题具有更大的力量，更能引导事情的发展方向。

答案，只是答案。可是问题却富有很强的导向性，它能够让人的目光、想法和行动都变得具有针对性，也能够让混乱模糊的思路很快变得清晰顺畅。也就是说，作为领导，你的适时地询问，可以使下属看到工作中的关键点，而如果此时下属仍有疑问，领导再给予解答，成效就会显著。

因此我们说，要想快速提升下属的工作效率，领导就一定要掌握提问的技巧。从某种程度上来说，提问就是带人，带人就是提问。

变吩咐为提问，提高工作主动性

在带人的过程中，领导往往会有各种抱怨，比如“为什么他就是不明白我的想法？”“无论怎么说都没用，不是一副无所谓的样子，就是完全不按你说的做。”“下属很少说出自己的真实意见。”“缺少创意！太缺新意了！”“一遇到问题就找领导，领导都快成专业收拾烂摊子的了！”……这些事几乎困扰着每位领导，让人头疼的是，即使指着下属的鼻子直接说出这些不满，也无法解决任何问题。

无论摆事实还是讲道理都不起作用，又或者不知道怎样引导下属才好时，不妨用问题来解决问题——向下属提问。

人面对问题会本能地去寻找答案。下属面对领导提出的问题，通常会自己去寻找答案。而人对自己找到的答案，往往会更容易理解，也更加认同、信服。如此一来，做事的时候就会更加用心、更有动力。

J主任教授下属做文案的技巧：“不要边找资料边做文案。根据大纲先将要用到的资料录入、准备好，然后再开始做文案会快很多。”

下属：“好。”

可是，问下属要文案而下属却未完成时，J主任才发现，下属根本没有按照自己说的做，仍然边找资料边做文案。

作为领导，J主任担负起责任，教授下属工作技巧，可是下属却不认同，自然就不会付诸实践。在这种情况下，领导即使摆事实讲道理，苦口婆心，收效也不大。而通过提问，让下属自己去体验，找到答案，往往会有意想不到的效果。

具体地说，J主任不妨问下属这样一些问题。

“有没有什么办法能更快地做好文案呢？”

“为什么不试试另一种更快的方法呢？比如准备好资料以后再做文案？”

……

“有没有什么办法能更快地做好文案呢”，能够引导下属自己去寻找适合自己的方法，而不局限于领导所教授的方法。在寻找答案的过程中，下属的创造力、能动性也会得到提升，避免“无论怎么说都没用，不是一副无所谓的样子，就是完全不按你说的做”“太缺新意了”的情况出现。

“为什么不试试另一种更快的方法呢？比如准备好资料以后再做文案”，能够引导下属说出心中真实的想法，保证彼此的充分沟通，避免“他就是不明白我的想法”“下属很少说出自己的真实意见”的情况出现。

就是这样一个简单的问题，却出奇有效。甚至可以说，只要领导问对了问题，那么超过 80% 的问题，下属都能够自己解决。当然，这有一个前提，领导问出的问题要恰当，提问的方式要适宜。在接下来的内容中，我们将为你详细阐述如何问对问题，从而让下属成为自己的得力助手。

第四章

好领导会让下属主动开口

接纳才是最好的武器

M 主任正与下属就某个广告设计案的进程进行交流。

“方案做得如何了？”M 主任问。

下属：“还在调研构思，加紧做的话，再过三四周，初步方案应该能够出来。”

“怎么还在构思？这进度可滞后了，后面要抓紧。两周内方案能出来吧？”M 主任催促道。

“……应该没问题。”下属回答道。

然而，结果呢？两周后，M 主任再次询问时，下属支支吾吾交不出来。M 主任觉得下属不得力——既然无法按时完成，有困难，为什么不说呢？而且，自己还问过！而下属也觉得委屈——让自己在那么短的时间里完成广告方案根本是一种刁难。

在下属完成工作任务的过程中，很多领导都会像 M 主任一样询问进度，结果也大都如上例般不如意。很难说到底错的是领导还是下属，但如果领导在询问的时候能够先一步做出心态上的改变，结果可能就会完全不一样。

领导一开始发问就要对下属以及下属的工作抱有接纳的心态，而不是批判。所谓“接纳”，是指以不否定也不肯定的态度，去理解“这个人原来是这样想的”“原来情况是这样”的事实。要坚守了解对方真实想法和处境的初衷，而不是抱着“找到对方工作进程中与自己期望不符的地方，立刻予以批判、指正”的想法去问问题、与对方沟通，这样反而能够走上问题的正途。

只要坚守住了“接纳”的心态，就能做到无论下属的回答在自己看来是多么离谱，也能够压抑心中的否定情绪，从而避免不良结果出现。

要知道，如果下属回答了领导的问题，却马上遭受否定甚至批判，强大的压力便从心中油然而生，在面对领导接下来的问题时，也很难自然、如实地回答，而领导则无法真实地了解情况。因为领导的否定、批判会改变下属的思考方向，让他们在回答问题时不再去思考自己到底是怎么想的、怎么做的，真实情况是怎样的，而只想着给出什么答案才能不挨骂，就像上例中 M 主任的下属明明有问题却回答“没有问题”；又或者为了避免再被否定、批评而干脆沉默不语。如此一来，双方的沟通就在此刻画上了句号，无法继续进行下去。

因此，在询问下属时，请务必保持“接纳”的心态！但要真的做到这一点其实并不容易。下面举个例子。

在了解下属工作动机、愿景的沟通中，领导问：“如果能够选择，你最想成为什么样的人呢？”

“如果可以，我想成为魔鬼。”

得到这样的答案，还有多少领导能够保持“接纳”的心态呢？恐怕很多领导都会不可自抑地产生批判的心态吧——“这个人有问题吧！公司怎么能留这种人呢？”这种批判的心态就像是一种条件反射一样，让领导在不知不觉中走入误区。对此，领导们需要有意识地调整一下自己的态度，即使觉得答案十分无趣、离谱、奇怪，也要平心静气，想一想问一问，对方为什么会这样想，将问答过程继续下去。如此一来，无论是领导还是下属都可能有新的发现，甚至觉察到至今未曾想过的新点子。比如：

“怎么会有这样的想法呢？”

“总觉得魔鬼主任、魔鬼经理什么的，很给力，他们让工作节奏变得很紧凑、积极，工作成效会非常好。他们总能让世界变成自己想要的样子。”

“那么，你想要的世界是什么样的呢？”

“嗯……平等，每个人都能得到充分的尊重。”

“那你想过怎样才能让世界变成这样吗？”

“暂时还没有，不过我会好好想想的。”

因为无论下属给出怎样的回答，领导都保持着接纳的心态，所以彼此间的交流才能一步一步地加深，而领导也才能成功地引导下属去思考如何解决问题。所以，尽管不容易，但请领导务必在与下属的交流过程中保持接纳的心态。

信任比威严更得人心

或许你自己就曾有过这样的经历。

当你不喜欢一个人，对他心存反感时，无论他如何问你，你都不会以心里真实的想法来作答，也不会认真思考，往往会下意识地敷衍，能少说就少说。简单地说，无论他怎样问，都不会有效果。

相反，如果是很得你认可、信任，甚至尊敬的人问你，那么，你就会很认真地思考、作答。如果他问的是好问题，你势必会得到某些启发，有所收获。

人就是这样，只有那些自己信任、尊敬的人说的话，自己才会在意，才会听进心里并诚意十足地予以回应。作为领导，在下属或员工心目中被尊敬、被信任的程度，与问题起效果的难易程度成正比——领导越是被下属信任、尊敬，其通过提问来激励、提升下属技能，让下属快速成长的效果就越明显。

Z 经理新晋升为部门经理。为了尽快上手工作，他提拔了一位曾经和自己关系很好的同事做助理。然而，面对千头万绪的工作，他还是感受到了前所未有的压力。于是，在与曾经的同事、如今的下属交谈时，在面对大家羡慕不已的目光时，他总会忍不住诉苦。

时间向前，尽管Z经理也做了各种努力，但压力依旧，他觉得自己缺少帮手。他试着把一部分工作交给自己看好的人去处理。

他问对方："你能完成这项工作吧？有什么问题没有？"对方回答："应该没什么问题！"然而，在具体操作的时候，下属却状况百出，根本没有认真想过自己能否胜任工作。

他问下属："你怎么想？"下属回答："我觉得您说得很好。"到底是下属心中没有自我想法呢，还是懒得说呢？

他问下属："我们是在为谁工作啊？为什么不做得更好一些？"下属沉默不语，但Z经理知道这是一种无声的抵抗，对方的心里一定在不屑地说"又开始讲大道理了"，完全不认为这是为他们好。

下属为什么会如此敷衍Z经理的问题，尽管那些问题很多都是有积极作用的，也是为下属好的。其原因就是Z经理在下属心目中，既不是值得尊重的对象，也不是可以信任的人。

之所以不被下属尊重、信任，固然有Z经理曾经是他们的同事的原因，但在更大程度上也是Z经理自己某些做法不当造成的。他提拔与自己关系好的人，任人唯亲；他向下属抱怨，对着下属发牢骚。这些做法都会影响下属对他的信任和尊重。

有鉴于此，领导在带人的过程中，在实践提问带人法之前，请务必先获得下属的认可与尊重。

当然，这需要从日常工作的点滴开始努力。除了需要注意关心员工、注重和员工沟通、以身作则等大家津津乐道的一些技巧和方法以外，还有一些方面尤其需要注意。领导若犯了其中任何一条，在下属或员工心中都会形象大损。

首先，领导一定不能在下属或员工面前抱怨。不可否认，做领导，表面上看地位高有权力，但真不是那么容易的事儿：身上责任重压力大，不仅需要时时为变幻莫测的经济大环境费心，更要用心处理好更高层领导交付的各种任务，管好部门、员工的各种大小事，更不用说对外还有让人劳心劳力的各种应酬。因此，很多领导难免会有抱怨——抱怨市场环境越来越不景气，抱怨公司政策不合理，抱怨下属或员工不服管教……

发牢骚固然能够排遣心理压力，却会失去下属或员工的尊敬。试问，谁会尊敬“祥林嫂”一样的人呢？容易让人心生尊敬的，通常是那些不惧困难、勇往直前的人，他们即使遭遇各种不如意也不会抱怨，要么豁达地一笑置之，要么拿出魄力去改变。

其次，领导一定要做到公正。领导所带的是一个团队，有许多员工，而非单独的某一个人。无论怎样看重、喜爱个别员工，都应该尽量做到对所有下属一视同仁。为下属或员工提供良好的工作环境，让每个人发挥所长，领导应该给予每位下属或员工同等的机会，那些内定或直接将机会给予自己偏爱的人的做法是要不得的，将每个机会都摆到大家面前，公平、公开地择出最合适的人选，会更得人心。当然，分配成果、职权等也同样要如此，尽量做到公平、公开。

总之，提问带人法能否奏效最根本的问题在于，领导本身是否是值得尊敬、信任的人。为了更好地带人，问对问题并让问题产生效果，领导一定要想办法获得下属的尊重和信任，并竭力提升下属尊重、信任自己的程度。

问得越具体，下属才会越配合

“如果他不是我的上司，我一定掉头就走。”

“什么？”Y女士正和任职于某银行营业部的K先生交谈。K先生能力出众，但略显强硬，无论是对自己还是对身边人的要求都很高。

“我是说，今天我的上司又找我进行了一次无聊至极的谈话。不过我什么也没有说，完全是他在唱独角戏。”K先生说道。

“为什么呢？或许你应该配合一些。”Y女士问他。

“从他一开口，问出第一个问题，我就知道他是在例行公事。这样毫无意义的谈话，我为什么要配合呢？”K先生回答道。

“你的领导到底问了你什么问题，让你会有这样的想法？”Y女士问。

“他问我‘工作方面有没有什么问题’。你应该知道，领导几乎对每个下属都这么问，简直就是陈词滥调，没有一点新意。他根本就不是真的关心我和我的工作，只不过是例行公事罢了。”K先生摇着头继续说道，“难道他以为他这样一问，我就要像志愿者一样立刻主动告诉他我遇到了什么棘手的事，然后他根据心情决定是批评我，还是帮我出主意去解决问题？”

“这样的开场白，对你不管用？”Y 女士知道其实这样的问题对大多数人来说都不管用，但她想弄清楚 K 先生到底是如何想的。

“是啊，一点儿用也没有，我想对任何人来说都没什么用吧！首先，这简直就是无的放矢，问这个问题，说明他并不了解我正在进行什么样的工作，他想要表现出对我的关心，却并不是真的对我关心。”K 先生解释道，“再者，一个人愿意对另一个人说出内心的真实想法，一定是以彼此间有最起码的信任为基础的，但这样敷衍的提问又有什么信任可言呢？”

看完上面这个例子，或许你已经有些明白，为什么在与下属的沟通中，下属总是缄口不语了。或许，领导的初衷并不是 K 先生所感觉所说的那样，但很遗憾领导类似寒暄的提问的确给了下属不好的感觉——不被重视、被敷衍、彼此间没有信任。

通常来说，聪明的领导总会避开陈词滥调式的提问——“工作上有什么困难吗”“生活还顺利吧”，他们会换一种更具体、更具互动性的提问方式。

L 先生是一位非常有能力的人力资源管理人才。最近，为了留住人才、调动员工能动性，他提出了一项员工补偿计划。

“员工补偿计划，听起来很不错，说说看你是怎么想的呢，怎么会有这样的计划？”W 总监问道。W 总监是该公司的人力资源总监，L 先生的顶头上司。他很赏识 L 先生。

接着，L 先生与 W 总监进行了一次愉悦的讨论。W 总监了解了 L 先生关于人才留用和管理的策略；L 先生自然而然地将内心想法真实地反馈给领导，他将在以后的工作中得到领导的支持。

将问题问得更具体一些，更具互动性一些，一方面，因为具体，所以能够让下属感受到确实被领导重视、关注——“看，他对我的事情一清二楚，一问就问到了点子上，他是真的关心我呢。”另一方面，因为具有互动性——下属必须说出丰富的内容来回答问题，很容易让下属自然而然地加入到彼此的沟通和讨论中，从而达到了解情况、指导下属的目的。

相对地，“工作有什么困难吗”这样的问题就太套路、太笼统了，并且下属只需要用“有”或“没有”来回答，在担心领导会责骂自己的前提下，下属往往会选择最简单的回答——“没有，都挺好的”，如此一来，领导要如何了解情况，指导下属呢？

因此，领导发问时，要尽量问得更具体一些，更具互动性一些。比如，即便要问“工作有什么困难吗”，也可以换一种更具体、更具互动性的问法——“上次听说你对 ×× 很有意向，你已经在和对方洽谈具体事宜了，现在进行到什么程度了？”

善听才能善言

询问下属，要么是为了从下属处了解真实的情况，要么是为了在彼此间建立认同感，要么是为了引导、激励下属，无论目的如何，领导都应该学会聪明地倾听。

在倾听的过程中，那些善于倾听的领导不必说一个字，就能让下属觉得他全心全意和自己交流、沟通，让下属觉得被理解、被重视、被尊重，进而对领导敞开心扉。那么，发问的间隙中，应该如何去倾听呢？

首先，理想的倾听技巧是以正确的态度为基础的。

你必须认真地听，将注意力放在对方所说的话上，你的动作、表情、眼神才会呈现出专注的状态，对方才会切实感受到被重视、被理解、被认可。

相反，如果一边想着别的事情一边对下属进行询问、倾听下属的回答，难免表情反应就会慢上半拍，或者眼神飘忽不定，这些都很容易被下属察觉，从而产生类似“是例行公事的询问吧？其实领导不是真的看重我的意见”的负面想法。一旦有了这样的想法，抵触心理自然产生，领导就很难与之进行有效的沟通、交流了，也就更谈不上提升下属的工作成绩了。

因此，当你询问下属时，请务必将注意力放在彼此的沟通、下属的发言上。

其次，要做到绝对不打断对方的话。

即使对方说了什么让你不由自主地想要打岔，也请一定克制住。无论你是想祝贺、表达感同身受，还是迫切再次询问，又或者发表意见，一旦打断对方，他势必会因你没让他把话说完而觉得受挫，甚至产生抗拒心理。不打断对方的话，是倾听的基本要求，是让对方感受到来自你的尊重的保证。当你实实在在地去实践它，你就会知道它是多么重要、多么有效了。

再次，要适当地回应对方，让对方有被认同的感觉。

在对方说话的时候，你不能只是认真地听，其他反应丝毫都没有，这会让气氛变得紧张起来，不利于对方说出心里真实的想法和事实。因此，你要适当地给对方以回应。具体地说，可以从两方面来努力。

一方面，可以重复对方的话——下属："我和 ×× 先生处得不太好……"领导："和 ×× 先生沟通上有问题，是吗？"要注意的是，并非完全重复下属的话，而是消化其含义后换句话说，这样效果更佳。

另一方面，可以频繁附和对方——"不错耶""的确是""这样啊""原来如此""哦""然后呢""是哦"等附和性语言都可以使用。

这样便能够让对方觉得你认同了他的感受，他也更愿意说出心里最真实的想法。

最后，在对方回答完毕之后，再次询问或做出其他反应之前，最好能够稍加停顿。这个技巧很简单，但却非常有效，能够让对方感受到你全然的倾听与理解。

当对方说完话时，请试着表现出正在消化他刚才说的内容的表情，流露出你对他的精彩陈述很重视的感觉。如此两秒钟以后，你再开口。对方便会觉得你是真的很认真地听他讲话，很用心地理解他说的话，对他说的话很重视，进而愿意敞开心扉，也对你这个领导更加认同。

整个过程大致是：对方回答→你认真倾听，适当回应→用两秒钟来思考、理解对方的话→开口回应对方。

总的来说，领导越是聪明地倾听，下属反馈的信息就越真实，彼此间的沟通就越有效，就越能帮助下属有效地解决问题。

用人所长，激发下属的成就感

通过提问来培养下属，问题的重点在于一定要摆在加强延伸下属做得到的事上，而不是下属做不到的事上。

领导总是容易看到下属负面的部分。这是因为指出下属的缺点，要比发掘下属的优点，让他在未来独当一面的培训方式来得容易得多，也更能让自己沉浸在指导下属的满足感当中。然而，这样是无法成功培训下属的。

首先，如果领导总是询问下属的短处，询问他们未成功做到的事，下属的自信心会受到打击，挫败感会增强。那么员工对工作就会失去热情，也不会愿意面对领导。

W 先生性格开朗，谈吐幽默，是业务部的新进人员。T 经理非常看好他，觉得他一定能在销售这一行做出非凡的成绩。

然而，很快，T 经理发现了 W 先生一个很大的毛病——他即将登门拜访客户与客户签订协议，却将准备好的协议忘在办公桌上；与客户成功交换名片，第二天却找不到客户的名片在哪里；为客户量身打造产品宣传PPT，却错别字连篇……是的，W先生很粗心。T经理决心帮助W先生改掉粗心的毛病，让他成长起来，成为业务骨干，成为自己的得力助手。

看到W先生准备出去拜访客户，T经理便会询问他各种资料是否带齐、各种准备是否已经做到位；看到W先生做的产品宣传PPT，他就会问是否检查了录入性错误，相关数据是否已经核实……在T经理的关注下，W先生出错的次数明显减少了，因为他总是能够提前发现，予以补救。

T经理对此还是比较满意的，他相信W先生慢慢地会养成充分准备、预先检查的习惯，从而变得细心、沉稳起来。遗憾的是，W先生还未变得细心、沉稳，就向T经理递交了辞职报告。

“为什么要辞职呢？是遇到了什么问题吗？”

“都还好。只是我总是出错，可能我不适合做销售。”

这一刻，T经理才忽然意识到了自己的错误。他立即调整了自己发问的角度：“你怎么会这样想呢？这个月你已经拿下多少订单了呢？”

“已经拿下三个订单了。还有两个估计这月也能拿下。”

“真不错！那么与客户的接触、交流还顺利吗？会不会觉得特别疲惫？”

“很顺利，没什么问题。每次去拜访他们都很愉快。”

……

T经理将问题聚焦于W先生能够做到的事情上，终于帮助W先生找回了对工作的热情、对自己的信心。

将问题聚焦于下属无法做到的事情上，总是从负面发问，会打击下属的工作热情和自信；相反，将问题聚焦于下属能做到的、擅长的事情上，从正面发问则能够给予下属成就感、满足感，提升其工作积极性和自信心，更重要的是让下属更热衷于发挥自己的优势，延伸自己能做到的事。因此，发问时，领导一定要注意自己的问题是否聚焦在下属能做到的、擅长的事情上。

当然，我们提倡将问题聚焦于下属能做到的事情上，并不是要领导对下属的不足、缺点视而不见。对于下属的缺点、不足，领导可以通过问题引导下属去觉察，并协助下属制订出相关改善计划；但领导一定不要一直盯着下属的缺点、不足，否则即便是出于好心，也会给对方找碴的感觉，又或者干脆摧毁了对方的自信。

以 T 经理和 W 先生为例，T 经理完全不必不断地问“资料有遗漏吗”“PPT 已经检查过了吗，还会有低级错误吗”“与客户确认见面时间了吗”，等等；而是“工作表现很不错呢，有没有想过表现得再好一些”“如果准备得更充分，会不会更好些呢”“有没有考虑过利用备忘表和日程表来避免工作疏漏”……

正如杜拉克所说：“若你能够达成什么，那必定是仰仗你的长处。”“容易注意到他人短处的人，这种人无法成为经营管理者。”所以说，从下属的长处入手、让其在自身的优势面进一步提升，往往比帮助他克服不足更能提升士气，而这也更有利于提升整个团队的工作成效。

为了找到下属的长处，请正式向下属询问：“目前有什么进行得特别顺利呢？”对方回答后，请以“做得很好呢”“不错耶”“好厉害”等肯定的话语来回应下属。多问这个问题，就是对“将问题重点摆在下属能做到的事上”这一发问技巧的最好实践。

人有静气，风度自来

M 总监在家和妻子闹了矛盾，心里非常不痛快。碰巧，这个时候，销售经理 Y 来汇报工作说："总监，昨天我们有一笔眼看到手的单子被别的公司抢走了。"M 总监听了，心中腾地升起一团怒火，但管理经验丰富的他知道生气只会让事情变得更糟，现在要了解情况，看是否有挽救的余地，还是修正错误比较重要。他深吸了一口气，缓解了一下情绪，开口问道："哦？怎么回事呢？当时你是怎么处理的呢？损失的订单额度是多少？"

面对领导噼里啪啦的一连串问题，Y 经理愣了一下，心里想着："至于生气吗？做销售，这不是很常见的吗？"他担心说出真相会让总监更加生气，因此他隐藏起"客户对销售人员好感度相对较差"的真实原因，说了些价格、售后服务方面的差距。

是的，这样的回答，M 总监当然没有责怪 Y 经理的理由。但从长远来看，M 总监没有发现问题，无法针对性地对如何获取客户好感进行培训，在以后的工作中，他手下的销售人员仍然有可能因为无法获取客户的好感而丢掉订单，损失会继续下去。

尽管M总监尽力平复自己的情绪，但他内心的负面情绪还是通过他的语气、语调等显露了出来。虽然，M总监的负面情绪并不是针对下属Y经理，但作为下属的Y经理并不知道这一点，他会很自然地将领导的负面情绪与自己联系在一起，觉得领导在质问、责问自己，自然也就不敢说出真实情况了。

作为领导，遇事对人有“静气”，就会在面对他人的时候表现得心平气和，如此一来，纵使有不同意见的碰撞，也会让沟通交流变得和谐顺畅。相反，遇事对人缺乏“静气”，觉得疲惫、精神不济，又或者正被愤怒、焦躁、不满、嫉妒等负面情绪干扰，往往会不自觉地将负面状态或情绪表露出来，让被问的人觉得在被逼问、责问、质问，哪怕内容问对了，也不会产生良好的效果。

这种你与下属之间的相互影响，很像香槟塔。将高脚杯排列成金字塔状，再把香槟倒入顶端的高脚杯中，等到香槟盈满金字塔中全部的高脚杯，香槟塔便完成了。

请试想最顶端的高脚杯是你自己，第二层的高脚杯是与你亲近的下属或员工，第三层、第四层是公司的其他伙伴、下属。最理想的情况是高脚杯都装满香槟，也就是说，属于你的高脚杯是满的，你拥有良好的个人状态，这样去发问，才能给你亲近的下属，甚至其他不是很亲近的下属带来积极的影响，让他们的高脚杯也充实起来，让他们个人成长起来。

如果你遇事对人缺乏“静气”，属于你的高脚杯未满，那么，下面的高脚杯如何盈满香槟呢？你的下属如何获得成长呢？

当你感到疲惫、挫败或者被负面情绪困扰时，很可能缺乏“静气”，你的高脚杯里的香槟已经所剩无几了。这时，请务必先平复心情，让自己放松，不要急着对下属提问，给自己一点时间，让个人状态好转过来，然后再通过提问的方法来了解情况、帮助下属、激励下属。

为了振作精神，为了找回“静气”，自己称赞自己，闭上眼睛冥想一会儿，又或者让自己沉浸在兴趣、娱乐中，都是不错的方法。

第五章

换个方式提问，员工更有激情

提高下属行动力——让下属自己思考目标

晨会时，T经理讲得嘴都干了，可是坐在下面的下属却没几个用心听的。有的昏昏欲睡，有的不停摆弄自己的手机，有的拿着笔在笔记本上无意识地涂鸦……就好像出席晨会对于他们来说完全是例行公事，可有可无。

T经理故意将文件往桌子上重重地放了一下。“注意听我说！”一下子，所有下属都坐正了身子。但很快，下属们又故态复萌。

面对这种下属缺乏工作意愿的情况，领导应该怎么办呢？反复强调要下属认真、专心工作？又或者责问下属为什么不好好工作？显然，T经理的经历已经很能说明问题了——效果甚微。与之相对的是，提问，通常会非常有效——问下属“我们要取得怎样的结果呢”。

这个问题能够提醒下属工作的目标，从而让下属的行动更有指向性、目的性，取得更好的效果。

要知道，即使是采取同样的行动，是否具有明确的目标，也会让下属的士气以及工作意愿大不相同。在会议上或是下属要开始某项工作时，问一问下属“我们要取得的理想结果是怎样的呢”，不仅能够提升士气，而且能明显提升下属的行动品质。

相反地，领导若不进行这样的询问，下属的工作目标暧昧不明，则会有“被迫听命行事”的感觉，这非常不利于下属的工作表现。

就像上例中的T经理，如果能够在晨会上问下属“今天，开晨会是为了什么呢”，那么下属的表现就会发生改变。

T经理：“今天，开晨会是为了什么呢？”

下属：“确定今天的工作内容。”

T经理：“那么，大家都知道自己今天要做些什么，取得怎样的成果吗？”

下属：“知道的。今天要××。”

T经理：“那么，要怎样才能达到这个目标呢？”

……

询问开晨会要达到的目标，让下属自己思考后明确目标，便能在彼此间达成共识，使得下属的工作表现更加符合领导的预期。

人是一种“目标性动物”，总是在心中描绘出自己认为理想的情况，并为之而努力。正是因为这样，一个简简单单询问下属工作目的的问题就能让下属的想法产生变化——心中“被迫听命行事”的感觉减弱了，而“想要实现理想目标”的工作心态增强了。

因此，当发现下属缺乏工作意愿时，领导一定不要忘记通过发问——问下属类似“我们要取得的理想结果是怎样的呢”，来改变下属的工作表现。比如，会议开始但下属缺乏工作意愿时询问“今天开会的目的是什么呢”；安排工作时询问“今天工作结束时，获得怎样的成果才是最棒的呢”；等等。

值得注意的是，接下来，请务必再询问下属“那么为了此目的该做些什么才好呢”“我所担任的角色是什么呢”“有什么事今天就能开始进行呢”“在这个阶段该做些什么呢”等问题。

这些问题，能够引导下属思考实现目标的方法。凭借这些问题，“在什么阶段”“做些什么”“如何去做”等步骤都被具体化，能在很大程度上保证下属的良好工作表现。

安抚下属不安情绪——提升彼此认同感

K 主任带着下属忙一个项目，已经一个月了。这天，他发现一个下属一会儿抓头发，一会儿挠额头，显得非常苦恼、不安。

作为领导，K 主任立刻询问："怎么了？是工作遇到什么问题了吗？"

下属想了想回答道："没有啊，应该都还好。"

K 主任："你看起来很不安……"

下属笃定地回答："哦，可能是工作有点累了。"

K 主任："好吧，注意劳逸结合。"

在工作中，下属看起来苦恼、不安，似乎是常见的情况。作为领导，你是否也像 K 主任一样处理这种情况呢？

当询问下属"一切还顺利吗"，而对方无法立即回答"很顺利"的时候，绝对是有什么让他们苦恼的问题。下属也许不愿意直接承认事情进行得不顺利，才会闪烁其词。若是像 K 主任一样忽略这个状况，不但下属的工作士气会逐渐低落，还可能引发工作上的大问题。相反，如果能尽早处理，不仅能够预防可能导致的大问题，还能够提升下属士气，保证下属的工作效率。

要知道，一旦工作中出现困难，下属很可能因为害怕领导责罚而隐瞒。此时，如果下属说“没有问题”，领导就相信一切顺利，那么问题就会潜伏起来，直至进行到某个阶段再爆发出来，造成严重的后果。面对问题，下属很可能因为害怕失败、压力过大而陷入无法深入思考，也想不出解决方案的状况。这种时候，正是领导该伸出援助之手的时候。因此，当领导发现有下属苦恼、不安时，一定要因势利导、循循善诱地询问，而不是简单问过就算了。

首先，要从正面提问，而非立足于负面来提问。也就是说，询问下属“一切进行得还顺利吗”，而非“遇到什么问题了吗”，这样能避开下属的心理抵触点，避免下属因为害怕领导责罚而选择隐瞒。

当然，即便这样询问，有的下属仍会因为过度自信、爱面子等而选择隐瞒。此时，领导不妨继续询问“会不会觉得很辛苦，辛苦指数有多高”，这个问题能够传达给下属“作为领导，我是理解你的辛劳的”之意，能够缓和下属因领导交付的工作陷入苦恼而产生的不满，并带给下属欣慰和满足，提升彼此间的认同感。

此时，下属通常会回答“还好”“有些累”“真的挺累的”几个答案，显然，下属的苦恼、不安依次加深，正需要领导的协助。为了不让下属独自在烦恼里钻牛角尖，领导应该先提出“有什么是我能帮得上忙的吗”，而不是等下属自己主动开口求助（那时可能问题已经相当严重了）。只要领导这样问，绝大部分下属接下来就会开口向领导诉说自己需要怎样的帮助了。

询问下属“有什么是我能够帮得上忙的吗”，向下属展示了领导全面支持的态度，可以在很大程度上缓解下属的不安，提升员工低落的士气。除此之外，更重要的是能够大幅提升下属对领导的信任（下属越是苦恼、不知所措，领导越是要提供帮助，彼此间就越容易建立起信赖关系，也就是说，当下属遇到问题时，正是加深彼此信赖感的好时机）。

就这样，几个问题之后，领导通常就能成功舒缓下属的不安，并通过切实有效的帮助尽早解决问题，使得下属的工作能够顺利进行。

值得注意的是，在这个过程中，即便下属的回答并不像领导预期的那样，也要询问以上几个问题。询问这些问题不仅仅是为了从下属这里发现问题并解决问题，更是为了向下属传达“关心”“全力支持”的态度。其实，领导只要询问下属这几个问题，就能缓和其不安情绪，有利于对方理顺慌乱的思绪，进而找到问题的解决办法。

加强下属向心力——找出团队共通点

为了拿下一个综合性的跨国项目，T 经理从各个部门挑选精英，组建了一个临时特别工作组。本以为这支由精英组成的团队能够大放异彩，出色而快速地完成工作。但让他没有想到的是，工作一开始，就出现了各种各样的问题。

他发现，下属们各自为政，只做好自己负责的工作，做完自己的工作便交接给他人，即使发现他人在工作中的疏漏也不会及时提醒，等到出问题了，只要不是自己的工作范畴，就不会积极主动地帮着想办法解决，而是保持沉默、冷眼旁观。

类似团队缺乏向心力的情况非常严重，而 T 经理却一时找不到什么有效的方法来解决。毕竟是临时组建的团队，成员和成员之间本就缺乏交集、相对疏离，但 T 经理却没有时间等成员渐渐熟悉并懂得配合、互相帮助。

新组建的团队，缺乏向心力是很正常的。不过即便不是新组建的，缺乏向心力的情况也很普遍。那么 T 经理作为领导应该如何尽快地解决这个问题，从而让团队更快地取得更好的成绩呢？

通常来说，团队缺乏向心力，一种情况是因为缺乏共同目标，领导可以通过询问下属“我们要取得的理想结果是怎样的呢”来解决，详细内容在前文已有讲解。还有一种情况是团队成员之间陌生疏离，缺乏亲近感。对此，领导可以通过“我们的共通点是什么呢”这个问题来解决。

人与人之间只要有了共通点，心理距离就会缩短。并且，共通点越多，彼此间产生的亲近感就会越强烈。即便是始终感到难以亲近的对象，在找到彼此的共通点后，也能缩短心理上的距离。

领导如果能够帮助下属快速找出自己与其他成员以及领导间的共通点，就能够建立起团队的团结感，让彼此更有意愿为共同目标而努力。

与各自为政、冷漠地工作相比，大家其乐融融地工作往往能创造出更多的价值。当人们决定开始行动时，“要做什么”与“和谁一起去做”一样重要。正因为这样，如果每一位下属都能与团队的其他成员保持良好的关系，便能做出更好的成绩。

那么，具体应该怎样去做呢？或许你已经发现，“我们有哪些共通点呢”这个问题的重点在于要多谈及工作以外的话题。

遗憾的是，在团队中，无论是下属和下属之间，还是领导和下属之间，都很少谈论工作以外的话题。大家明明在一个办公室内一同工作，却仿佛除了工作再没有其他什么好说。这也是造成团队缺乏向心力的情况如此普遍的主要原因之一。

因此，领导在带人的过程中，要充分利用休息间隙或者会议前后的时间，让大家一起来讨论一下“我们有什么共通点呢”这个问题。时间不用很长，有两分钟足矣。有数据统计，两分钟内有人竟然挖掘出了 48 个共通点。当然，这需要一定的技巧。

首先，要尽量避免以“是”“不是”来回答封闭式问题。

举例来说，为了寻找彼此间的共通点，领导问“大家喜欢秋天吗”，这就是一个封闭式的问题。面对这个问题，如果对方回答“不喜欢”，就会带给人尴尬、不知道如何继续下去的感觉。相反，如果能换成开放式的问题——“大家喜欢什么季节呢”，对方答案就变得多元化，春、夏、秋、冬、初春、暮春、盛夏、晚秋、隆冬等都可以是答案，答案如此丰富，要找到彼此间的共通点也就更加容易了。这样也便于继续拓展话题，寻找彼此间其他的共通点。

其次，要提高问题的抽象程度。

举例来说，“你喜欢高尔夫球吗”，问得很具体，当对方回答“不喜欢”之后，对话就跟着结束了，寻找共通点也就失败了。而“喜欢球类运动吗”“喜欢运动吗”“喜欢活动身体吗”这 3 个问题就相对抽象，而且抽象程度依次加深。抽象的问题涵盖的范围相对更广，更利于找到彼此间的共通点。

在具体发问的时候，注意以上两个技巧，就能很顺利地找到彼此间的共通点。在这个过程中，下属与下属、下属与领导之间能够互相了解，缩短彼此间的心理距离，变得亲近起来，而团队向心力也跟着提升，要取得好成绩就会相对容易。

提高下属自信心——掌握提问的顺序是关键

下属做事无精打采，缺乏自信。面对这种情况，领导会怎么做呢？大多数领导都会有这样的反应——“怎么总是无精打采的样子？”“看看，就这样一副倒霉样，怎么能干成事？”“你看起来状态不是很好，要注意好好休息！”……无论是询问、责问，还是安慰，其实对下属的帮助都不大。

下属在无精打采、缺乏自信的时候，更需要的是领导的称赞。而领导的难题却是，要如何去称赞浑身上下都弥漫着沮丧、颓废之气的下属呢？此时，下属身上完全找不到有什么值得称赞的地方。

有什么办法呢？提问吧！只要稍微改变发问的方式，便能很容易地找到称赞下属的素材。“现在有哪些事情进行得比较顺利呢？”只要这样询问下属，通常便能在对方的答案中，找到“称赞的素材”。

得到“称赞的素材”后，便回以“真不错”“看得出，你很努力”“太好了”等肯定的话语，以慰勉下属。

当然，下属也有可能会回答“这几天诸事不顺，倒霉透了”，此时，领导也不用泄气，可以继续询问对方“一件也没有吗？就算是很小的事，也没有关系”，以此引导下属能够朝着“顺利”继续思考下去。如果对方还是回答“嗯……想不出来”，那么便回答他“这样啊，相信下一件事情一定会很顺利”，然后结束对话。

一般来说，完全想不出顺利事情的下属，很可能自我评价非常低，他们缺乏自信，很少被他人关注。对这样的下属，在平时就要多关心他们。即便他们做成的是不起眼的小事，只要发现，就积极地慰勉夸奖，比如，可以说：“谢谢你，真是帮到大家了。”

值得注意的是，通过询问找到称赞的素材后，说肯定的话语以慰勉下属，也是有技巧的。下面，我们举个例子说明。

下属做好的平面广告方案又被客户退了回来，一脸沮丧，不知道该怎么进行接下来的工作，好像无论怎样设计都无法让客户满意。

领导：“平面广告的方案，有哪些细节已经确定下来了呢？”

下属：“颜色基本确定了，风格大致确定下来了，就是布局和装饰素材，调整好几次了，客户都不满意。”

领导：“颜色和风格都确定下来了？太好了，那位客户的要求是比较高，你已经做得很好了。”

领导慰勉下属的话，乍听起来很啰唆，但这样说才是最有效果的。首先，陈述事实——“颜色和风格都确定下来了”，向对方传达“我已经知道你做出了成绩”；其次，表达情感——“太好了”，让对方感受到被认可、被称赞；最后，实质性地进行赞美——“那位客户的要求是比较高一些，你已经做得很好了”，让对方被称赞的喜悦感加倍，从而让下属振奋精神，重拾信心。

简单地说，领导慰勉下属的话的标准格式应该是“事实＋情感＋赞美”。

看，无精打采、没自信的下属也不是那么难带。只不过在很多时候，即使领导知道这样做会更好，也还是会下意识地做出负面评价，各种质问、责问脱口而出。这是一种正常的反应，作为领导，自然十分关心下属的工作成绩的好坏。但请有意识地去克服这种反应，要知道，在下属没精神、缺乏自信的时候，负面评价只会让其更加缺乏干劲和自信。因此，即便下属真有需要批评指正的地方，也请在慰勉之后再进行，更何况，还可以通过提问来让下属自主地发现那些问题。

在询问下属什么事进行得特别顺利之后，不妨继续问几个问题——“目前必须解决的问题是什么？”“你认为该怎么做才能解决这个问题呢？”“这样做会不会好一些？”

看到下属一脸沮丧，身为领导，你也许会希望能尽早发现下属目前面临的问题，并且立即解决。不过若是一开始就问“有什么事进行得不顺利吗”，下属就会感到被质问了，整个人可能会变得紧张又充满防备。

先让下属意识到目前顺利进行的部分，并加以称赞，接着才能问对方所遇到的困难与问题。换言之，发问的顺序是关键——先问顺利的事，再问不顺利的事。

帮助下属渡过难关——找到解决问题的思路

“新产品的发布会准备得差不多了。不过，我有些担心不能将产品宣传册及时送达会场，怕会影响来宾对新产品做全方位的了解……”下属正在向W主任汇报新产品发布会的筹备情况。

听到下属竟然弄出这么严重的问题，W主任便开始质问起来：“怎么会来不及送达？我不是早就告诉你要注意宣传册的进度吗？这可是重中之重啊！”

“我一直都很留意宣传册的进度，一开始都很顺利，交付印刷厂印刷的时候，他们也承诺过没问题。但后来，几次联系他们，他们都说等待印刷的东西太多了，一定尽快为我们安排印刷，但具体时间他们也没有办法保证……”

“既然他们无法保证交货的时间，为什么不另选一家印刷厂呢？现在这样，除了尽量敦促他们，还能怎样？赶快再去催一催他们。”W主任说道。

下属在W主任接二连三的质问下，陷入了沉默，不知道该说什么才好，无论怎么说错的还是自己，最后只得回了一句“好的，我马上就去催”，而心里却想着：“可是，公司一直是和这家印刷厂合作的。算了，还是不说了，说多了就变成狡辩、推卸责任什么的了。领导怎么说怎么对……就没见过这样的领导，只知道骂人，有本事去把事情解决了啊！”

在现实中，很多领导都像 W 主任一样，当下属遇到问题正苦恼不堪时，常常会对其进行质问，质问下属“为什么做不到”“为什么会变成这样”。

但显然，这对事情的解决没有任何帮助，只会让下属把本应用来解决问题的能力用到“寻找借口”以应付领导的责问上。并且，质问会使领导走到下属的对立面，在下属心中留下无能、只会刁难下属的印象，非常不利于领导带人。

当然，要找出谁应当为之负责，一点也不困难。但其实，解决问题才是最重要的。在这种时候，领导应该保持冷静，避免陷入焦虑、愤怒的情绪中，并且要有效地通过提问这一最简单、直接的方法来协助下属面对困难，引导下属解决困难。

也就是说，当下属遇到困难时，领导应该问一问下属“你认为怎么做才能改善状况呢”。这个问题会让下属因陷入困难中而混乱的心绪平静下来，进而找到解决问题的思路。

人在遇到困难，事情发展不顺时，第一反应往往思考怎样能够不让自己受到责备，而不是解决问题。而领导询问下属“你认为应该怎么做才能改善状况呢”，能够让下属从推脱、辩解错误的习惯中解脱出来，并且能引导下属重新找回面对困难、解决问题的信心。

以 W 主任为例，当下属汇报自己遇到了困难的时候，如果他能够问下属类似“你认为应该怎么做才能改善状况”这样的问题，情况就会完全不一样了。

W 主任：“那么你认为应该怎么办呢？”

下属：“我继续催印刷厂，尽快和他们确定宣传册的送达时间。同时为了以防万一，我也会做好在公司彩色影印的准备。”

W 主任：“好，那就这样吧。明天我也会联系一下印刷厂负责人，请他注意一下这件事情。”

如此一来，下属直接面对问题，快速厘清了解决问题的方法，而领导也在下属眼中成了能够切实帮助自己解决问题的合格领导。

当然，也有下属在回答这个问题时，不那么配合。他们往往会说“我会努力的”“我会尽快解决”等很笼统的话。此时，领导一定要继续追问：“嗯，我相信。那么，具体而言，你想要怎么努力呢？”

要知道，发问最重要的目的是，连接到具体行动上，促成下属的积极行动。这就要求领导务必通过问题引导下属说出实际的具体想法，从而更有效地保证下属的行为能够改善状况。

另外，在通过问题引导下属找到解决方法的过程中，领导需要注意提问的角度。

一般来说，要解决问题，有两种角度—— 一种是站在原本的立足点上，另一种则是完全不同的、全新的角度。比如说，要解决降低制造成本的问题。如果目标只是削减 2% 的成本，那么站在原本的立足点来进行提问，足矣；然而，若目标是要削减 20% 的成本，那么只是从原本的立足点来提问，无论提怎样的问题，都不可能引导下属找到实现的办法，这时，领导要懂得从全新的角度来进行提问引导——“制造材料有没有办法找到相对低廉的替代品？”“制造方法能不能有所改进？”“制造流程能否合并一部分？”等等。

激发下属想象力——引导下属走出自我限制

国庆节假期即将来临，各大商场都在紧张地筹备促销活动。作为某大型商场销售总监的 Y 也忙开了。

Y 总监:“对于本季度的产品促销，大家有什么建议吗？”

下属 A:“我觉得‘满返’的方式就挺不错的。”

下属 B:“可以满 48 元就换购，劳动节的时候也做过这个活动，反响很不错。”

下属 C:“抽奖也可以，奖品就直接用商场里的那些热销商品。”

……

下属纷纷发言，但对于 Y 总监而言，这些都不是他想要的，他想要的是那种与众不同，能够让顾客耳目一新的活动。Y 总监很沮丧，有些不明白，为什么自己的下属都如此刻板、缺乏创意呢?

需要下属提出有新意的创意或提案，下属却没有灵感，提出的创意或提案不是陈词滥调，就是平淡至极。那么，有没有简单而有效的方法能帮助领导激发下属的创意呢?

其实，缺乏灵感，在很大程度上是因为人在思考新的创意、提案时，会不自觉地将限制规范加诸自己身上。如此一来，便下意识地将那些“看似异想天开的”“实现起来很困难的”“有风险的”“没有前例的”等想法统统删除，只说那些中规中矩、能够实现的创意和提案。试问，这样的提案如何会有新意呢?

领导应该引导下属走出自我限制，具体地说，领导在向下属询问创意或提案时，可以问：“如果没有 ×× 的限制，你会有怎样的想法呢？”

这个问题能够打破桎梏，将下属从种种规范中解放出来，不再在现有资源的范畴内思考，而是超越现有的框架去思考各种可能性，如此下属便能轻易地从自己的思维中找到新意十足的创意或提案。

不过，在这个过程中，领导切记自己要保持“尽管不知道是否用得上，但只要下属尽量提供新创意或提案就很好”的心态，而非各种评判、只筛选能够被采用的创意。在下属发表新的创意或提案时，领导突然插话表达负面的意见，那么就会让下属产生“说出来也是被否定，那还是不要说好了”的认知，从而只说一些“安全牌”的创意或提案，而创新的潜能也逐渐被埋没。因此，即便是听到非常不靠谱的创意或提案，也要保持接纳的态度。至于创意或提案到底是否可行、是否被采纳，可以等到下属发言结束以后大家一起讨论。

另外，为了让下属更好地回答“如果没有 ×× 的限制，你会有怎样的想法”这个问题，领导还应该做一些工作。

首先，要敦促下属即时回答，最好是在两秒钟之内就回答。这样既能够让下属有充分的时间将潜意识里的新创意或提案进行整理并表述出来；又能够避免时间太长，下属东想西想，让新的创意或提案“飞”走了。或许有部分下属会觉得这样短的时间很紧迫，但实际上只要他们习惯了这个节奏就不会再觉得紧迫，反而会促进他们发掘创新潜能。

其次，要注意营造“自由发言”的气氛。对于新的创意或提案来说，“自由”是至关重要的，自由发言的氛围有利于下属思维的自由，唯有自由的思维才能想出充满新意的创意和提案。

具体地说，领导一方面可以频繁地使用“原来如此”“这样啊”“哦”等附和的话语来向下属传达“谢谢你提出这些创意或提案”之意，这样的反馈，能提升下属的创新意愿。

另一方面在下属发言后，可以带领大家一起鼓掌，要知道，哪怕并非真的觉得创意或提案很好，只是形式上的鼓掌，也能让发言的下属感到欢欣鼓舞，整个场面也会变得更加热烈。

值得注意的是，尽管我们说拿掉限制才能激发下属的创新能力，但如果完全没有限制，设定得太过自由广泛，很可能反而让下属灵感丧失、想不出创意或提案。因此限制条件可以设定得相对宽松自由，但一定不能完全除去。比如，与其询问下属“如果不考虑预算，你会如何筹备这次发布会呢”，不如询问下属“如果有 100 万元，你会如何筹备这次发布会呢”，后者更能让下属想到充满新意的创意或提案。

“不考虑预算”让人难以明确想象，用来当成思考创意的前提不太恰当；相反，限制条件可设定得宽松一些，并顺应当下讨论的话题，随时做适当的修正。

接下来，领导要面临最关键的问题——如何让创意或提案回归现实，变得可以实行呢？要知道，无论多好的创意或提案，如果无法付诸实践，都是没有价值的。此时，有效的发问是："若现在只有 ×× 的话，这个创意或提案要如何实行呢？"

×× 可以是金钱、时间、人数等各种限制条件。比如说，下属提了一个很不错的创意，只不过预算是目前既定预算的 3 倍，也就是说，实际预算只有 1/3。不过，实现此提案也不是不可能的，方法永远比问题多。只需要询问下属"现在的预算只有 1/3，要如何去实现它呢"，在大家集思广益中总能找到实现的途径——订立 3 年的长期企划，和其他公司合作，缩小规模，分阶段实行，等等。

只需通过"若现在只有 ×× 的话，这个创意或提案要如何实行呢"这个问题，就能找出实现的具体对策。

第六章

7种方法，让你成为最优秀的领导者

嘘寒问暖才能留住人心

一个好的领导总是能够使下属或员工心甘情愿地追随、效力，而这都源于他的德行和能力。威势往往是无法让人感念的，唯有德行才能让人心服。作为领导，一定要学会从小事做起，对下属或员工体贴，才能赢得下属或员工的心。

那么，你是否是一位体贴下属的领导呢？

切记，**即使是一位统领千军万马的大元帅，也要学会去关心每一个士兵的饥寒冷暖，这才是正确的管理方式。**作为一名领导，关心体谅自己的下属或员工，随时留意他们的情绪波动、工作进展、各种要求，与他们保持思想交流，是上传下达、减少隔阂的有效保证。

比如，下属或员工因为得了一场大病而请了半个多月的病假在家养病，在恢复健康回到工作中的第一天，如果领导给予他温情的问候，细心地问问他有没有什么需要自己帮忙的地方，他一定会认为他的领导很有人情味，从而愿意在领导的带领下努力工作。

再比如，下属或员工找到了一位情投意合的伴侣，两人即将步入婚姻的殿堂，如果领导能主动帮下属或员工安排好婚假事宜，并给予他真诚的祝福，那么他一定会更加卖力地工作。因此，要关注下属或员工的工作生活状况，在下属或员工工作取得突出成就的时候，在下属或员工生活中有值得庆贺的事情发生的时候，千万不要忘记由衷地向对方表示祝贺。

体贴入微地关心下属或员工，才不会成为下属或员工们口中冷血无能的领导，才不会在陷入困境时成为孤家寡人。

几个工作能力非常突出的年轻人在一家公司工作了3年，慢慢地，他们开始对这种按部就班的工作产生厌倦，他们不愿意再过这种懒散的、毫无激情的日子，都打算换工作。但是由于当时就业环境不是很好，因此他们一直拖了好几个月才将这种想法付诸实践。而在此期间，他们的领导竟然完全没有察觉到他们的想法，直至他们已经将东西全部收拾好，递上辞职信准备走人的时候，他们的领导才知道，而这时他们去意已决。

就这样，这位领导失去了好几位得力下属，同时还失去了被得力下属带走的公司客户，剩下自己孤家寡人来面对困境。

其实，只要领导能够多留心一点下属或员工的情绪反应，就能够及时采取措施，避免人才流失。遗憾的是，他们的领导是一位粗心大意的领导，他的粗心大意造成了他管理上的失败。

相反，另外一家公司的经理是一个体贴入微的领导。

盛夏时节，酷暑难耐，中央空调设置温度在24℃，由于经理室有独立空调，而且又只有经理一人，因此还比较凉爽。然而，员工办公室由于人太多，很多人感觉到闷热，再加上又必须穿西服套装，员工就感觉更加不适了。

这位经理很快就注意到了员工的感受，特意在公告板上张贴可以脱去外套的通知，然而，员工看着经理仍然是穿着西装、打着领带，着装非常正式，在工作的时候，几乎没有人敢脱掉自己的西服外套。为此，经理觉得很奇怪，当他向一名员工问明缘由以后，他立刻脱去了自己的西服外套，而员工之后也纷纷效仿。

在员工的心里，这是一位非常体贴的领导，很照顾员工的感受，员工都以能为这样的领导效力而感到幸运。即使后来在经济不景气的时候，公司对员工实施减薪政策，也没有一个员工口出抱怨，而是与公司、与他们的经理共命运。

体贴入微地关心下属或员工，与下属或员工沟通感情，让下属或员工感受温情，是领导不可忽略的任务。因为温情可以孕育出强大的力量，将下属或员工与领导紧紧地联系在一起，共同去战胜困难，创造奇迹。

要学会分享而不是独享

分享，与下属分享，作为高高在上的领导，你真的懂得吗？

对领导来说，懂得分享，实践分享，不仅能将自己的经验、知识、技能传递给下属或员工，以提高团队的整体效率，还能看到自己的不足，找到前进的方向。

领导要学会与下属或员工分享目标，要走近下属或员工，获得他们的体谅和理解，同时还应该积极主动地同下属们讨论企业的远景规划和战略目标，然后再细化为各个部门的规划和目标，直至细化到每个员工身上的具体目标。任何不顾下属或员工的实际状况和能力水平，单方面拟定目标的做法都是与分享目标相背离的，这将会造成目标的执行障碍，最终让目标流于形式。

“公司员工所掌握的信息量的多少决定了其责任感的强弱，有谁可以做到让一个不了解公司事情的员工来对某件事情负责呢？”著名的管理学家肯·布兰查德的这句话给了我们很大的启示。在管理实践中，领导要学会与下属或员工分享信息，千万不要脱离他们，疏于将政策、方针、决策等信息告诉员工。这不仅会削弱下属或员工工作的责任感，还不利于工作的顺利开展。”

一个人能做到领导，自然会有开阔的视野和长远的眼光，也有丰富的经验和独到的见解。这些长处和优势应该经常同下属分享，将你的经验和技能多多传授给他们，如此，你的下属才能尽快掌握更多的本领和技能，从而得以持续地正确地做事情，进而更快更稳地实现更高的工作目标。

领导要转变思维，学会分享手中的权力，将原先那种与下属或员工的上下级关系，转换为新的绩效合作伙伴关系，具体来讲就是，给不同岗位的员工赋予相应的权限，从而提升员工的主动性，并且要真诚地鼓励他们大胆地去开展工作，如此也能使他们的潜能得到最大限度的激发。

同时，领导还应该及时地把工作的成果分享给大家，并且同大家一起分析总结，让大家参与进来并体会成果带来的成就感，这会激励他们努力让自己变得更加优秀，从而使积极行为所带来的正面影响得以进一步扩大。

领导学会分享、懂得分享，让下属或员工在明确企业的目标、个人的目标，知晓企业的政策、制度，并在分享的过程中，酝酿出企业文化。这是每个卓越的领导常做的事，同时，这也给员工或下属带来了丰厚的回报。

某大集团总裁R先生一直以来都把“财散人散，财聚人聚”作为经营企业的理念和准则，这正是因为他懂得分享、善于分享。也许大家很难想象，R先生在自己一手打造的企业中仅仅占有不到

2% 的股份，该企业是国内第一家全员持股的企业，也是国内第一家员工薪酬与欧美企业并齐的企业。R 先生创建的利润分享机制不仅让企业吸引和聚集了一大批国内顶级研发管理人才，也让企业的员工成为国内最早富裕起来的知识分子。

在 2000 年左右，在企业工作的本科生，工资起薪是税前 4000 元，加上工资、福利、加班费、补助、奖金和股票等，年收入就可达到 10 万元。另外，企业根据员工工作地点不同，福利补助金额也不同，工作地点在总部以外的每人每月补助 1000 元，海外补助福利更高。

由于全员持股，每到年底，员工都能分得股票红利，根据持股比例，有的可以分得几万元，有的可以分得几十万元，这些分得几十万元的员工往往都是 2000 年以前入职的，他们持有的股票较多，年底分红自然也较多。所以这些员工总是说："我们的收入并不是靠工资的，那只是零花钱而已，只有年底的奖金和分红才是真正的收入。"这些员工凭借较早持股较多持股的优势，也成了最早富裕的一个群体，他们的生活相当滋润。

有人看不下去，特意对 R 先生说："企业是你创立的，你自己占有的股份不足 2%，员工们却个个持股，成了新贵，他们派头十足，一副大老板的模样，真让人看不惯。我认为你大可不必这样，凭企业今日的实力，就算给他们降一些工资，少一些福利，也能吸引大批人才。"

R 先生说："我一直信奉'财散人散，财聚人聚'，人们知道企业的高工资，却不能忽略企业的高效率、高压力啊！这些年来，员工为什么能加班加点、卖命工作？这都是个人持有股权的机制让员工利益与企业发展牢牢捆绑在了一起，这也是企业发展源源不断的动力与源泉。你不要为我打抱不平了。正是因为我懂得舍得，懂得分享利润，企业才吸引了一批又一批青年才俊，他们心甘情愿地奉献青春和热血，让企业在有限的时间内击败了一个个世界巨头，成为业界翘楚。”

R先生大气地与员工分享，让员工真正成了企业的主人，而拥有了“一亩三分地”的企业员工为自己奋斗，为自己在市场上拼杀，当然是不遗余力。正是这一点让企业拥有了对手无可比拟的竞争优势。

当然，领导应该与下属或员工分享的不仅是利润，还有许多其他的东西。分享信息，才能理解信赖；分享经验，才能提高效率；分享目标，才能形成共识；分享利润，才能聚集人气。

懂得分享、学会分享，才能真正带好新下属或员工，带出高绩效的团队，让企业所向无敌。

用激励赢得“圣贤归”

想必大家都听说过激励理论，它是关于如何满足人的各种需要、调动人的积极性的原则和方法的概括总结。其目的是激发人的正确行为动机，调动人的积极性和创造性，从而使人充分发挥自身的智力效应，进而做出最大成绩。

作为领导者，想要带领团队做出好的成绩，必然需要团队的成员充分发挥各自的能力，也必然需要更多优秀的成员加入，所以，灵活运用各种激励方式是领导者不可或缺的素质和技能。一旦掌握了这些，不仅会使现有的团队成员变得更加优秀，还会吸引来更多优秀的人。以下这些具体的激励方法，领导者不妨多用用。

榜样激励法：给下属树立起行为标杆

榜样的力量是无穷的，作为领导者，你的团队里的第一个榜样便是你自己。领导对待工作的态度直接影响着下属对待工作的态度。如果领导对工作没有激情，又拿什么去激励自己的下属呢？所以，请拿出自己对工作的热爱和激情，让下属感受到你努力进取的精神。

与此同时，还要在下属中树立一个标杆，让那些充满活力的下属发挥出“带动”效用。作为领导，一定要注意观察，看看你的手下有哪些人总是充满活力，或者成绩突出，锁定这样的人并把他们树立为榜样，让这样优秀的人去影响和带动其他人，如此，整个团队的工作热情和能力都会得到整体的提升。

梦想激励法：让下属相信你可以帮他实现梦想

每个人都有梦想，你的下属自然也不例外。人们在追求梦想成真的过程中，总是需要遇到对的人，所谓跟对人才能做对事。如果你能够了解下属的梦想，并且通过沟通和一些实际行动让他们相信你就是那个可以帮助他们实现梦想的人，比如你可以给他们提供平台，为他们创造机会，那么他们自然会努力工作，全力协助你。

授权激励法：让下属具有主人翁意识

什么样的人对什么样的事情最积极？当然是有重任在肩的人对跟自己息息相关的事情最有积极性。所以，作为领导，一定要肯放权，适时地授权给下属，让下属参与决策的过程。这种授权是一种信任，也是一种器重。下属一旦拥有了这项权利，往往会产生极大的归属感，更能拥有主人翁意识。

这种方法利用了人的参与性，参与本身就能激发出人的能动性。倘若领导把下属当作合作伙伴，那么他们就会表现得像你的合作伙伴。因此，作为领导者，在同下属相处的时候一定要注意自己的言谈举止，时刻让下属感受到你是以合作伙伴的身份跟他们相处的，而不是高高在上、压人一头的领导。最简单的方式比如说话的时候把“你和我”“公司和你”改为“我们”，这样就在无形中让下属感觉到自己和你真的是并肩作战、携手共进的合作伙伴，这种体会会让他们在工作上更加尽心尽力。

沟通激励法：拿出时间与下属进行良好沟通

与下属进行沟通，是领导者的一项极为重要的工作。有效的沟通，会让双方得到深层的心灵交流，而这也是激励法中很重要的一环。人们都有沟通的需求，下属更需要来自领导的主动沟通，这种沟通不单单是询问工作进度，也不局限于关心交流，它可以涉及很多方面，比如在询问工作进度时你可以问问对方是否遇到了困难，在走廊里遇上时也可以向对方请教一个小问题，工作中遇到难解决的事情时请对方来一起商议或给出一些建议，等等。不必在意这种沟通是否会有一个明确的结果，它的目的不在此，而在于通过沟通激励下属。因为当一个领导与下属开始沟通的时候，下属会感到自己被重视了，这本身就是一种激励。

下属在团队中是一种特殊的存在，他们需要体现自身的价值，需要在团队中具有存在感。领导者如果能够注意到这一点，总是在恰当的时机同下属进行有效的沟通，那么下属在团队中的存在感就会得到印证，他能感觉到自己是被领导所重视的一员，而不是可有可无的边缘人。

以上的激励方法都能达到很好的效果。当然，除此之外，还有很多方法可以达到激励下属的效果，比如尊重下属，比如宽以待人，比如不吝啬赞美，等等，都是成本很低却卓有成效的方法，它们能够让下属感动、感激、开心、振奋，从而产生一种积极向上的驱动力，使下属主动卖力地认真工作。

至此，你是不是认为就可以稳住优秀的成员并吸引来更多优秀成员的加入了呢？并非如此，这还不够，在做到以上几点后，领导者最应该做的是制订一套激励人心的制度——奖励机制。管理若只涉及言谈举止、感情感受，而没有科学规范的制度，那么就很难将企业做大做强。所以，管理者要想通过激励法来“招贤纳士”，就一定要有一套奖励机制，对每个员工都采取统一的考核标准。达到这个标准的就给予相应的奖励，未达到的则没有，这样才能显得公平，才容易为人所信服。所以，作为领导者，在对下属进行奖惩时一定要按规章制度行事，务必客观地分析评价下属的工作经验、工作能力、工作效果、努力程度等，千万不要给某些人以特权，也不要在下属做出了成绩后没有任何表示。毕竟每个人心里都有一杆秤，一旦领导者有失公允，大家就会失望或者愤愤不平，这样便再无激励可言。

因为奖励是激励最直接有效的方式，所以在其他方面都做到位后，激励最终还是体现在奖励上，那么，制订奖励机制应该遵循哪些原则呢？下面这几个原则会让奖励机制发挥更大的效用。

第一，奖励的门槛不可设得过高。设置奖励制度的目的就是激励下属，倘若你把这个奖励的门槛设置得过高，大多数人都够不到，那么有多少人会对遥不可及的目标有积极性呢？所以，奖励的门槛要适度，它必须是每位下属努努力踮踮脚或者多蹦几次就能够到的，这样才能激发大家的进取精神。

第二，奖励结果务必公开透明。奖励的目的既是激励努力的员工更努力，也是激励那些还未得到奖励的员工向被奖励的员工看齐。被奖励的有荣誉感也更有干劲儿，没被奖励的看到了奖励的真实有效，也会往前冲。倘若奖励的结果只有领导和获奖者本人知道，那么奖励便失去了意义。

第三，奖励方法要实时更新，不可一成不变。这次奖励现金红包，下次奖励带薪休假，下下次奖励豪华旅行，诸如此类常换常新的奖励方法，会迎合不同员工不同时期的需求，从而使他们保持源源不断的工作热情。

制订奖励机制需要注意的细节之处远不止这些，但是只要你掌握了以上原则，大方向便不会有问题。作为领导者，你做的一切事情都是为了要让团队变得更强大，你的激励便是吸引那些优秀成员的重要砝码，请用好它！

个人魅力靠修养

有一种领导总是能够轻而易举地获得下属的喜爱和支持，或许他们并没有付出更多的时间和精力来经营与下属的关系，或许他们并没有给下属更多的报酬，但他们就是能够让下属甘愿跟随，并且总是充满激情地去工作。这一切并不是魔法，也不是运气，而是人格魅力。

如果你也是一名领导，并且渴望成为一位下属支持、喜爱、甘愿跟随的领导，请客观地自问："我是否具有这样的魅力？"

真诚：无论对谁都谦和、坦诚

真诚是人性中熠熠闪光的品质，也是一个人高情商的体现。它像一把钥匙，可以打开所有的人际关系的门，从而使交往的双方拉近距离。然而人的内心往往又有着极其隐蔽和封锁的一面，所以能开放自己的内心、坦诚地对待他人，也不是很容易的事情。领导更是如此，为了维护自己的权威，为了凸显自己的地位，在对待下属时，通常很少能够做到真诚。也正因如此，若下属偶然碰到一位真诚的领导，就会格外地庆幸并深深感激，他们也会格外珍惜这种真诚——以真诚作为回报。

S经理是人事部的新任经理。在与下属的见面会上，他与下属做了真诚的交流。

有下属问："您脾气好吗？"

S经理回答："并不是很好，容易着急，一着急就容易大声说话。"

下属又问："那您会对我们发脾气吗？"

S经理回答："虽然很遗憾，但我真不能保证不会。不过我会尽量拿出更多的耐心和理性。"

很让人惊讶，S经理竟然可以毫不遮掩地"批评"自己。经历和见证了这一刻的人在吃惊之余，想必也会因S经理的坦率和真诚而佩服称赞。S经理作为领导，能做到对自身的缺点不遮不掩，甚至勇于将其袒露在众多下属的面前，这种行为必然会让下属感受到领导的真诚，那么下属自然会报以信赖和尊敬，如此，还用担心不被下属所拥戴吗？

关切：真正关心下属

人都需要被关心，下属自然也不例外。作为领导，如果你能够做到对下属关怀备至，而不是让下属围着自己转，那么，不出两个月，你的下属便会死心塌地追随你、支持你。这听起来好像"魔法"一般，但事实的确如此。

在下属心中，H 主任是难得的好领导，很多下属表示："与 H 主任在一起工作的每天都很愉快，我想没有人愿意拿这样的日子去换钞票。"

H 主任总是对下属们满怀关心。有一次，大家在会议上讨论印刷品要采用什么工艺时，很多人都说"磨切"比较好，而一位新来的下属对此却不太了解，他问周围的人"磨切是什么样的"。由于大家正在紧张地讨论，所以谁也没有认真地回答他的问题。不过，H 主任却记住了这件事。

几天后，H 主任拿着印刷出来的成品，找到这位新下属，告诉他："看，这就是磨切工艺。这种工艺……"

H 主任时常会做这类小事。他记得每一位下属的名字、爱好，甚至家庭的大致情况。每次他经过下属的办公区，总会留意下属的状态，并适时表示关心——"××，怎么没去用午餐呢？""××，今天看起来心情很好哦！有什么值得庆贺的事情发生吗？""××，你换的新发型非常适合你哦！"……

作为领导，如果你已然感觉到自己正在成为一名不受下属欢迎，甚至为下属所反感的人，那就不妨学一下上文中的 H 主任，从细节处将你的真心实意真正传达给下属。

守信：坚守承诺是一个管理者最起码的素养

俗话说："人无信不立。"一个不守信用的人很难立足于世上，一个不能做到守信的领导，也难以在那个位置上坐得长久。比如你随口答应了下属某件事情，那么他必然会记在心里等着你兑现。而你如果真的只是说说而已并不去兑现承诺，那么下属就会对你这个人产生强烈的反感，甚至可能直接否定你的人品。这样最直接的后果就是导致对方对你失去信任和拥护。

Y经理很得下属信任。只要他告诉下属这样去做会有好结果，即便下属不是很理解，也会忠实地去执行。很多人都感到很惊奇，Y经理为什么如此得下属的信任。直到他们从Y经理的一位下属那里听说了一件事，才明白了其中的缘由。

一次，Y经理承诺大家，只要大家辛苦一个星期，完成项目之后，就让大家组团出游，好好地放松、休息一下。

在Y经理的带领下，那个星期，大家加班加点，忙得昏天黑地，连吃饭都是10分钟解决。好在大家齐心协力按时完成了任务，并且结果比预期的要好很多。

可就在大家松一口气，准备好好歇一歇的时候，公司高层又要他们部门提交一份此次项目的详细报告，报告内容涵盖各个方面，财务分析、市场分析、流程分析，等等。大家本以为说好的出游计划要搁浅了。谁知，Y经理仍然安排了他们出游。等他们高高兴兴地玩了一圈回来，才知道那份报告由Y经理一人包办了，他们在外面轻松惬意的时候，Y经理正在努力工作，熬了好几个通宵才把那份报告弄好。

Y经理对下属做出了承诺，便尽心尽力地去兑现承诺。宁肯自己辛苦，也不愿意将兑现承诺延期，如此守信，也难怪他能赢得下属的信任。

然而现实中，很多领导者并没有做到这一点，他们不知道“一诺千金”的重要性，所以在面对下属的某些请求时，总是频繁而轻易地先答应下来，但是却几乎不去兑现。比如有的领导总爱给下属不停地“画饼”：“这个月好好干，下个月给你涨工资。”“这个项目好好做，完成后给你升职。”诸如此类的话张口就来。然而下个月来了，下下个月来了，努力工作的下属工资也还是老样子；项目完成得很出色，主力人员升职的事情还遥遥无期。又或者有主管在给下属开会时信誓旦旦地说：“这个项目完成后给大家放几天假好好休息一下。”于是大家干劲十足，加班加点地完成了，却没有等来期盼已久的休假，因为主管根本没把那天的话记在心里。

这位主管做不到对下属守信，自然就会失去下属的信任，下属即便服从，也只是出于无奈，更多的是敷衍。

守信，可以说是领导应该遵守的一个“天条”。谁违背了，谁就会付出难以弥补的代价。在埋怨下属工作敷衍，对自己不够信服之前，领导们不妨自问一下：“我是否真的做到了对下属守信？”

宽容：理解并原谅下属的小过失，时刻保持同理心

所谓：“海纳百川，有容乃大。”作为领导，也一定要有大海一样的胸怀，对待下属要宽容大度，多体谅他们的难处，多包容他们的不足，毕竟人无完人，每个人都可能犯错，下属自然也不例外，对于一些不影响大局的小过失，该原谅就原谅，不要揪着不放。如

此，下属也能感受到你的格局，同时也会因为你的理解和体谅而更加努力完善自己，更加全心全意地支持你、拥戴你。

相反，如果你不够宽容，对下属“戒备森严”，时刻等着挑毛病，必然会加深彼此间隔阂，让下属如履薄冰，唯唯诺诺，唯恐自己犯错。试问，这样的状态，下属如何能够拥有良好的工作表现，如何做出出色的成绩呢?

T经理先后带过好几个团队，但每个团队都充满了活力，用流行的话来说就是创意十足。有人向他取经，他却只给了对方两个字：宽容!

他说，当领导能够包容自己的下属，对下属宽容以待，允许他们犯小错误，他们工作的压力就会变小，而人在轻松的状态下倾向于进行一些新的尝试，这些新的尝试最后往往会给人惊喜。

T经理还表示，领导的宽容对下属对领导的认同感、对团队的归属感也具有非同寻常的意义。

因此，在面对下属时，领导应该时常问问自己：“对下属，我是否做到了宽容？我是否站在他们的角度去看待问题？”

用人性化缩短管理的距离

领导者是领导，做着管理方面的工作，有必要刻意在下属或员工面前展现自己人性化的一面吗？

在大多数领导看来，在下属或员工面前，与其展现人性化的一面，不如保持距离展现专业、权威的一面，甚至有的领导还很享受那种高高在上的感觉。

领导保持专业、权威的形象固然重要，但同时也不能忽略了展现自己人性化的一面。领导人性化一点，并不会影响到自己的权威和专业形象。更重要的是，领导人性化一点，下属或员工会更乐于听他说话，与他交流、沟通，也就更容易学会他所教授的东西，更愿意跟随他，与他一起克服困难。

别以为这是无稽之谈，回想一下自己作为学生被老师带的情形。

一位老师时常在课间与学生们闲聊，他告诉大家“其实我也非常喜欢看韩剧”“我家儿子可调皮了，我叫他小崽子，他就敢叫我老家伙”“我很怕老婆，离了老婆，我可就没有热饭热菜吃了”，等等。

一位老师第一天给学生上课，就报出了一系列头衔——“特级教师”“年级主任”“××教育期刊特聘专家”，告诉学生“有什么不懂的，尽管来问”。此后，这位老师几乎每次上完课都会在教室多留那么两三分钟以便学生问问题。

倘若两位老师的授课水平一样，对比一下，你觉得哪位老师授课你会更愿意听呢？遇到问题时，更愿意问哪位老师呢？会更愿意亲近哪位老师呢？相信大多数人的答案都会是第一位老师。

展现自己人性化的一面，是领导者不容忽视的事情，是与下属或员工拉近距离、建立彼此间默契的有效途径。那么，在下属眼中，你是否足够人性化呢？你又应该如何展现自己人性化的一面呢？

展现自己人性化一面的最佳做法就是，身为领导者的你，先谈谈自己。具体内容可以是“喜欢的书、音乐、电影或运动”“长期以来的嗜好或现在热衷的事物”“尊敬的伟人或喜欢的名人”“出生地或小时候的趣事”，等等，就算是无关紧要的小事也可以。

一开始，领导或许会觉得不知道应该说些什么，那么不妨制作一份人性化自我介绍的项目表，比如 1. 爱好；2. 参加工作时的囧事；3. 去过的有趣的地方；4. 小时候或学生时代的往事……说的时候，只需一项一项地填入自己的资料就可以了。这样一来，就不会再觉得不知道说些什么才能显得人性化了。

不善言辞的领导人也同样可以制作一张类似的项目表，这非常有助于自我展现人性化的一面。

善待下属就是善待自己

“水能载舟，亦能覆舟。”如果说下属是水，那么领导便是水里的船。

船离开了水，便只能搁浅。作为领导，如果你失去了下属的支持，那么无论你有多么优秀，无论你有多么远大的抱负，也难以施展。

倘若你因为自己是领导而总认为自己才最重要，那些下属不过是你的附属，你便可以轻视，甚至冷漠以待的话，那么你离翻船的日子就不远了。相反，如果领导善待下属，势必能够获得下属的支持和认可。

因此，领导应该时常反省一下：“我是否善待了我的下属？”当然，更应该懂得“如何去善待下属”。

同样是领导，为什么别人的下属都能心甘情愿地追随他努力工作，而你的下属却总是“摸鱼”？不妨想想自己对待下属的态度是否有问题。你是否做到了对下属亲切友好？你是否做到了对下属关怀有加？尤其是对那些在工作中出现了失误的下属，你是不问青红皂白就横加指责甚至降薪降职，还是帮助下属找出错误的真正原因，设身处地地去同下属一起解决问题？如果能做到后者，那么你的下属必然会对你心存感激，同时也会心怀内疚而更加卖力地工作。而对于那些成绩突出的下属，也要及时地毫不吝啬地鼓励表扬甚至予以奖励。

值得注意的是，作为领导，平时也要重视语言的力量。在鼓励下属和宽容他们的错误时，管理者应使用恰当的语言，这会更有利于他们改正错误、积极工作。这些恰当的语言对于下属来说本身就是一种善待，能够让他们觉得自己被尊重、被信任。

作为领导，当你能够用“当然”来回答“你是否具有这些魅力呢”这个问题时，就说明你的人格魅力必然能够吸引你的下属死心塌地地追随你。因为他们知道，在你这里，他们必然能够被尊重，被信任，被关心，他们会因此而更尽职，更用心地去扮演好“下属”这个角色。

影响力——管理利器

所谓影响力，是领导者应该具备的一种非常重要的能力，它能够通过一种让他人所乐意接受的方式，改变他人的思想和行为。带领团队的过程，就是一个通过自身的威望和才智而使得下属无条件信任自己，从而吸引他们情愿来到自己周围的过程，在这个过程顺利完成后，领导者就可以通过引导和影响下属来完成既定目标。

在现代企业中，领导被企业赋予了权力，领导的言谈举止将不可避免地被放大，领导的一举一动对下属或员工来说，都有着非凡的意义，足以影响到他们的行为。

也许领导并没有意识到自己对其他成员具有影响力，那么静下心来想一下，就会发现自己对下属或员工的影响了。当然，有些理解是正确的，有些理解是错误的。但是领导必须意识到自己对下属的影响，并确保自己释放出应该释放的影响力。

简而言之，判断一个领导者优秀与否，并不是单单看该领导者的文化水平、业务能力或其他能力，而是看他是否具有卓越的影响力。运用得恰当，影响力就是领导的“利器”。

值得注意的是，在带领团队时，领导者要想发挥其自身的影响力，首先就得从“影”字出发，我们不妨理解为，这种影响力离不开“身教”。其次不要忽略了“响”字，有语言才会有响声和响应，由此可见，领导者的影响力也离不开“言传”。

在实际工作中，领导如果希望下属或员工们这样去做，表现出这样的行为，那么在通过口头语言来告诉他们的同时也别忘了像自己期望下属或员工所做的那样去做。将“言传”和“身教”结合起来，让影响力成为“利器”，领导就会发现，带出得力下属其实是一件再简单不过的事情。

第七章

6个步骤，让下属工作事半功倍

第一步：找出下属做事的动机

前面我们已经谈到，任何人做任何事都是有理由的。想要下属打心底里听从领导的指示，就要发掘出下属内心深处最根本的渴望。不过，这并不是一件容易的事。听从指示的动机往往因为各种原因被下属深埋起来。

作为领导，当发现下属并未不折不扣地执行自己的指示时，要做的不是勒令、指责，更不是威胁，而是帮助他们找出内心深处的核心动机——听从指示、改变行为的理由。

为了达到这个目的，领导们可以使用“六问法”——依次问下属六个问题，这个过程之后，绝大多数下属都会听从指示。下面，我们就进入第一个问题——假如你做了这件事，是出于什么原因呢?

这个问题是个开始，引导下属去思考自己听从指示的动机。当然，无论什么时候都这样发问难免会显得僵硬不自然。在具体操作时，还可以这样问：

以“当前导向”发问：你今天为什么做了这件事呢？

根据具体情况把关注的焦点放在下属正在做的遵行指示的事情上，并询问他为什么会做这件事——“这次为什么这么早就把企划书交上来了，提前了好几天呢？”

再比如，下属不愿意参加沟通技巧的培训，觉得这样的培训没有什么意义，但还是出席了培训课。这时可以问“为什么来参加培训呢”，而不要问“为什么要学习沟通技巧”，否则就会显得有点唐突。

或许，你会对这种“当前导向”持反对意见。就像我们建议你问问一个总是迟到的下属为什么当天按时来上班了。你可能会担心“他在本周的另外几天都迟到了，他总是迟到，如果我问他今天为什么按时来上班，他说不定觉得我在表扬他呢！而且，我想要的不是他偶尔按时来上班，而是每天都能按时上班”。

然而，你忘了我们的最终目标是让下属按时上班。要想触及下属内心深处的动机，要想让下属去做你想要他去做的事情，那就必须深入发掘他的意愿。如果他愿意在某天按时上班，哪怕只有一天，难道不值得去问他为什么吗？如果他能搞清楚今天为什么按时上班，或许他就会决定常常这么做，甚至有可能因此选择每天按时上班。

当然了，下属通常会否认自己遵从内心深处的动机做出了选择。他可能会把关注的焦点放在做成某件事情的方式上——“我今天碰巧赶上了公交车”，坚持说他们是被迫的——“不是说必须参加培训吗”，或者干脆把自身行为方式的所有责任推得一干二净——“不知道呢，自然而然地就这样了”……总之，他很可能不会顺着你的心意来回答问题。

不过，没关系！在他回应的时候，你可以让他明白他的确已经做出了选择——“你说自己必须参加，可你们部门的人也有人没有来，他们都没有按照要求参加，为什么你来了呢？”

你还可以问他今天偶尔做了这件事情对于他来说意味着什么——“好吧，你今天碰巧了才按时上班。那么，你觉得对你自己有什么好的影响呢？”

你还可以直接跳到第二个问题：“如果用 1~10 来表示你今天想要按时上班的意愿程度，你会选择哪个数字？”

无论你如何开始，发掘下属内心深处动机的询问过程都能顺利进行。

以“过去导向”发问：你为什么曾做过（正在讨论的事）

如果下属当前没有你期望看到的行为，而未来看起来也不太乐观，或许过去的事还值得一说。

T 经理想让 D 先生参加一个培训课程。但 D 先生对此懊恼不已。“我根本就做不到，”他郁闷地说道，“每周我得拿出 3 天的时间拜访客户，新产品的推广计划正在继续，而且还有一个总公司的考察团正在进行考察，我根本就没有时间参加什么培训，而且我看以后也不可能抽出时间来，总是有那么多这样那样的事情要处理。”

毫无疑问，D 先生把关注的焦点放在“如何做”上了——“我有那么多的事情要做，怎么可能有时间参加培训呢？”

T经理没有浪费时间跟D先生探讨他如何才能做到，因为那样的谈话不会有什么结果，所以还是避免的好。相反，T经理问了他这样一个问题：“以前，你是否参加过培训呢？”

“哦，有的。”D先生很快回答，“在刚刚到公司上班的时候，那时候工作轻松多了，根本不需要为现在这些事情操心。”

“好的，”T经理依然在回避“如何做”这个问题，“那时候你为什么愿意参加培训呢？”

D先生一脸困惑地看着T经理说：“我刚才好像说了呀，那时候我有充裕的时间。”

“那是你觉得自己能够参加培训的原因，但你愿意参加培训的原因是什么呢？”T经理问道。

这个问题让D先生略微迟疑了一会儿，不过最后他还是给出了一个答案：“每次培训都会学到新的东西，让自己充实起来，然后面对工作会更加从容、自信。”D先生回答道。这次终于触及了自己内心深处的动机。

至此，T经理成功帮助下属D先生回忆起了自己参加培训的动机。既然D先生曾经能够因为这样的原因参加培训，现在当然也同样可以如此。

以下属曾经的积极行为为基点询问原因，能够唤醒下属内心的动机，为进一步发掘下属内心深处的根本动机奠定基础。

以动机为核心重复或附和对方的话

问过“假如你做了这件事，是出于什么原因呢”“你今天为什么做了这件事呢”“你为什么曾做过（正在讨论的事）”这样的问题后，你需要使用“以动机为核心重复或附和对方的话”这个技巧。

在整个说服下属听从指示的过程中，我们关注的主要是动机。哪怕下属的心里只有非常微弱的动机火花，我们也要通过“以动机为核心重复或附和对方的话”这个技巧让火花变成火苗，从而帮助下属更清楚地看到自己想要的东西，进而从心底里愿意听从指示。具体地说，可以像下面例子中的领导那样去做。

领导：“假设你愿意参加培训，会是因为什么呢？”

下属：“或许，我的工作流程应该简化一下了。”

领导：“你是说你想要简化工作流程。”

请注意，下属使用的词语是“应该”，而领导复述对方的话时使用的词语是“想要”。领导避免使用“应该”，因为这个词容易让下属产生逆反心理。使用一个略微不同的词语，虽然依然是在复述对方的话，但却能达到帮助对方触及自己内心深处渴望的目的。

下属：“是啊，问题是我真的没什么毅力，总是不知不觉就按照以前的流程做事了，好像无法打破旧习惯，培养新习惯。”

领导：“虽然对此你觉得有些困难，不过你还是很想能够简化工作流程吧？”

领导复述了下属所遇到的阻力，下属知道自己缺乏毅力，为此他感到非常沮丧。不过领导最后也复述了下属的动机，尽管有些困难，但他还是愿意简化工作流程的。这里，领导非常明智，他将动机留到最后说出来，这更有利于对方记住，要知道，人对最后听到的事情总是记得更加清楚。

下属："我真的很郁闷。烦琐的工作流程浪费了我很多时间。"

领导："那你是为了节省更多的时间而渴望简化工作流程吧！"

请注意，领导反思的焦点依然是下属想要或可能想要做的事情。很多人在复述对方的话时，只是简单地重复，只是为了对对方的情绪表示认可——"你很郁闷你浪费了如此多的时间？"而领导的复述关注的焦点并不是下属对他想要做的事情的感觉是什么样的，而是他想要做的事情是什么。

在上例中，领导并不是简单地复述下属的话，下属说自己"应该"简化工作流程，还说"烦琐的工作流程浪费了我很多时间"。领导在复述的时候换了一种说法，从而将关注焦点转移到了"下属想要做什么以及为什么想要做"上面——"那你是为了节省更多的时间而渴望简化工作流程吧"。

值得一提的是，有时候，使用这个技巧意味着你要承认让你感觉不舒服或者你完全不认同的感觉、想法和解释。

举个例子，公司刚刚延长了客服热线的工作时间，要求你部门里的所有人每个月抽出一个周六加班。你手下的一名下属说："我恨死了这个新规定，我看啊，就是没事儿找事儿，怎么会有这种不合理的规定？我可没必要把自己的业余时间用在这件事情上。"此时，你要如何去复述对方的话呢？

很可能，你是新规定的支持者，甚至新规定的提议者刚好就是你。但尽管如此，你还是要对自己的下属说："我明白新规定让你觉得很闹心，你认为这种规定不合理，自己根本没必要遵守这种规定。"

请注意，你并没有认同下属的观点，也没有承认他说得有道理，你只是简单地复述他刚才说过的话，让他知道你在聆听而且能够理解他的想法。不过，如果你能诚恳地对他说"你说得有道理"，或者"你可能看到了一些我们没有考虑到的东西"，你也就为更具合作精神的崭新谈话打开了一扇窗口。

总的来说，理想情况是，你尽量把复述的焦点放在积极的一面上。即使对方的观点是你反对的，情绪是让你不舒服的，你也要先认同它的存在，然后尽自己所能复述你听到的任何细微动机。

经过上面的讲解，相信你已经对如何问第一个问题了然于心了。不过，你可能会对这个问题的意义有疑虑。因为在实际操作的过程中，你发现下属的反应大都像下例中的Y女士一样。

公司颁布了一项规定，要求员工提前3个月提出休假申请，而此前只要求提前1个月。这项规定让W经理的一名助理Y女士火冒三丈，于是W经理试图与Y女士沟通。

“让我们假设一下，你可能出于什么原因遵守这项新规定呢？”W经理问道。

“我不想遵守它，我觉得公司里的任何人都不应该遵守这项规定。”Y女士说道，从她的高声中可以明显看出她对这项规定非常不满，“您怎么能觉得这项规定是合理的呢？”

Y女士对新规定的反应看起来完全是负面的，根本看不出她有遵从规定的意愿。这让人很沮丧，会让人怀疑是否有必要提出“让我们假设一下，你可能出于什么原因遵守这项新规定呢”这个问题。然而，罗马不是一天建成的，我们也需要一步一步才能成功说服下属，让下属听从指示。

但其实，询问这个问题已经为你打开了一个潜在的突破口——Y女士向W经理提出了一个问题，而不是仅仅回答“不，我不会遵守”，她选择了与W经理进行探讨。当然了，W经理非常希望对话结束后Y女士能够心甘情愿地承认这项规定是合理的，会承诺自己会遵守新规定。不过，大多数时候这种理想的情况并不会出现，很可能Y女士只是说：“我还是不喜欢这项规定，但它可能并没有我想象的那么糟糕。我还得好好想一想是否要去遵守。”此时，W经理还是应该感到高兴。

一项关键的动机研究揭示出一个非常有趣的现象。一些住院的患者信誓旦旦地说，他们在出院后肯定会定期到门诊复查；还有一些患者说他们肯定不会去复查。结果，他们都没有去复查。让人惊奇的是，真正去复查的人是那些说他们可能会去复查的患者。由此可见，“可能”“举棋不定”甚至要比“是”的力量更为强大。

第二步：了解下属做事的意愿

在询问完下属“假如你做了这件事，是出于什么原因呢”这个问题之后，接下来要询问的是第二个问题：“你有多想做这件事？”具体地说，你可以问下属：“如果用 1 ～ 10 代表你做这件事的意愿，其中 1 代表‘一点儿也不愿意’，10 代表‘很想’，你会选择哪一个数字呢？”这个问题的目标是评估下属的动机水平。

通常而言，下属行为动机的水平往往会超过领导的预期。比如说，你希望下属在开会时不要发短信，而他坚持说自己需要与客户保持联系，可当你问他不发短信的动机程度时，他选择的数字是“4”，而不是你此前猜测的“2”或者“1”。

不过，也不要高估具体数字的重要性。较小的数字并不意味着他们不可能采取行动，较大的数字也不意味着他们很可能采取行动。重要的并不是数字本身，而是通过这个问题，下属们会反思自己做某事的动机，认真地去思考自己为什么想要做这件事。

也就是说，此时下属回答的数字是几，并不代表他听从指示的可能，领导也没必要为此而忧心。这只是个过程，是引导下属去发现内心深处根本动机的过程。事实也的确如此，选择“2”的人常常会采取行动，而选择数字“10”的人却经常什么也不做。因此，当对方选择数字“4”时，领导完全不必耗费精力和时间去思索对方的动机水平到底是太低还是太高。真正需要关注的是，为什么他没有选择更小的数字。

要知道，让下属从抗拒指示向听从指示转变的并不是数字的大小，而是思考、探寻内心深处根本动机的过程。

既然数字的大小不重要，为什么还要这样去问呢？直接问“你是否能做这件事”，不是更简单吗？

举个例子来说，“你觉得自己能抽出时间来整理那些报告吗”，这种问题只会让彼此的对话陷入僵局。对方可能会回答“我尽量”或者“希望吧”，如果他比较直率，也可能会说“多半不行”。如果换一种问法就会好很多——“请从 1 到 10 中选择一个数字，代表你想要把报告整理好的意愿，1 代表‘一点也不想’，10 代表‘很想’，你会选择哪个数字呢？”这可以让对方摆脱非此即彼的狭隘范畴，设想更多的可能性。“好吧，”对方会承认说，“我至少有点儿想整理好报告的动机。”

假设你想要一位非常恋家的下属牺牲周末休息的时间，与你一同参加一个行业聚会。如果你直接问他是否愿意与你一同参加行业聚会，而不是与家人共享愉快的周末时光，他的回答很可能是“能不去吗？我已经和妻子、儿子说好要去……”他不太可能说“我不知道”或者“我想在某种特殊情况下是愿意的，我想是这样”。为什么？因为你提出一个能够用“是”或“否”来回答的问题时，他根本不会费心去想其他的。

相反，如果能够换一种问法，结果可能就会完全不一样。

“我希望你能够与我一起参加周末的行业聚会，但我知道你很注重陪伴家人，所以想听听你的意见。如果有10个数字，从1到10，1代表‘完全不愿意’，10代表‘完全没问题’，你会选哪个数字呢？”

领导这样问，下属势必要好好想一想了。周日陪伴家人对他来说到底有多重要？他在多大程度上可以容许自己不陪伴家人，他的意愿程度可能比你想象的要大多了。当他设想自己没有陪伴家人，而是跟你一起去参加行业聚会的场景时，他会想到什么？“嗯，不能陪伴家人真是太可惜了，儿子可能会不高兴……不过再仔细想一想，妻子一直希望我能在事业上更进一步，或许这次的行业聚会是一个好契机。”现在他至少开始考虑自己不陪伴家人而参加行业聚会的可能性了，而不是简单地把这个想法直接给抹杀掉。

再让我们设想一下最坏的结果，如果他的回答是“1，我一点儿都不想去”，你依然还可以追问一句“好吧，我明白了，如果把1换成2，你觉得需要满足什么条件呢？”此时他不太可能用“是”或“否”来回答，他开始积极地考虑这次或许可以与你一同参加行业聚会，然后他会告诉你改变他现有想法需要满足什么条件。

如果他真的不能容忍自己错过与家人在一起的周末时光，那么无论你怎么说、怎么做都不能改变他的想法，即使因为你的命令他参加了，也不会在聚会上积极表现，甚至出现消极的行为造成负面影响。而你也能对他有更深的了解和定位，在任用他、安排他的工作时更加得心应手。

当然了，如果他的确有那么一点意愿，你提出的问题就能帮他找到隐藏在内心深处的这点动机。这种询问方式意味着你与下属之间避免了一次冲突、不悦，从而能够心平气和地继续谈下去，进而解决问题。

第三步：加深下属做事的意愿

下属选择了数字后，领导就能继续发问，进行说服了。当然，在通常情况下，下属选择的数字都会比领导预期的大。此时，领导要问的是：“为什么没有选择更小的数字呢？”

人们已经习惯了被别人一再催促着去做某件事情，当有人不再催促，而是问他们为什么没有放弃的时候，他们多半会觉得很惊奇，这种全新的体验吸引他们对自己内心深处的动机进行更深层次的探讨。

或许你会担心，这个问题为对方提供了进一步降低动机水平的机会——“这样问的话，如果对方真的选了更小的数字该怎么办？”“如果对方说‘对啊，你说得没错。我应该选择一个更小的数字才对’，该怎么办？”

这些担心，当然是可以理解的。但不得不说，这样是想错了重点。前面我们已经谈到过，数字并不重要，数字并不能代表对方去做你要他去做的这件事的可能性。真正重要的是对方内心深处的动机——哪怕他对你要他去做的事只有那么一丁点儿兴趣，你也应该问一句为什么，思考“为什么”的过程，就是他发现、挖掘、增强内心深处动机的过程。

可以说，“你为什么没有选择更小的数字呢”是最恰当的问法。

举例来说，你是销售经理，正试图说服手下一位把拜访搞砸的销售人员再次拜访客户。他从数字 1 到 10 中选择了数字“3”来代表他再次拜访客户的动机水平。虽然，数字不是很大，但至少你确定了他是有意愿再次拜访客户的，这让你颇感欣慰。那么，接下来你该怎么问呢?

“‘3’，说明你还是有意愿的，那么你怎么没有再次拜访客户呢？”这种问法是无效的。这个问题只会让你手下的销售人员再次回顾他不想去拜访客户的原因。听到这句话后，他会立即采取防御姿态，因为你的意思无非是说他早该再次去拜访客户了。或许他的确应该去，也有意愿去，但是，上一次失利给他带来的挫败感、焦虑情绪会压制甚至掩盖他内心深处的动机，而这个问题并不能帮助他唤醒动机，进而下决心再做一次拜访。

“你选了 3，为什么你没选一个更大的数字呢？”这样去问是无效的。与上个问题是同样的道理，询问你手下的销售人员为什么没有更强烈的动机再次拜访客户，只会让他采取防御姿态。

“如果要去拜访，你打算如何准备呢？”这样问仍然是无效的。如果你手下的销售代表已经答应去做第二次拜访了，这可能是个很不错的问题。只有当他从为什么上发掘出了内心深处的动机，获得了强大的行动力，讨论如何准备、如何再次拜访才能让他获益。在他郑重承诺对客户进行第二次拜访之前，询问他如何准备第二次拜访，只会让他觉得反感、抗拒。

上面的问法显然都不妥当。而“你为什么没有选择比 3 小的数字呢”，又或者“为什么你到目前为止还没有全部放弃呢”这样的问题，一方面阐明了对方是有意愿、有动机的，尽管意愿和动机不强；另一方面能够让对方将关注的焦点继续放在探寻内心深处的动机上，使得心中的小小火花变成熊熊烈火。

值得一提的是，如果对方选择的数字是 1，重新问一遍第二个问题，不过这次略微迈进一小步，问对方：“如果要从 1 变成 2，需要做些什么？”

第四步：激发下属乐观积极的态度

前三个问题主要是为了帮助对方发掘出自我内心中从抗拒指示到听从指示进行转变的理由。有时候这些理由相当强大，也具有非常不错的说服作用；但在有些时候，这些理由却相当勉强，相对而言无足轻重。不过，在整个过程中，这些理由是合理还是勉强，是说服性强还是无足轻重并不重要，只要能确定对方可能想要转变，那就已经足够了。

接下来，我们要做的是帮助对方做出深层次的承诺。不过这有一个前提，那就是帮助对方发掘出最具有个人色彩的理由，也就是动机。这些理由或许从未被下属清晰地表达出来，甚至未被意识到，但却真真切切地存在。

第四个问题的关键是帮助下属想象如果按照你希望的那样去做会怎样，而不是想象怎样去做。已经做成会让人有一种满足感和兴奋感；而想象正在做、如何做会让人觉得费力，容易让人产生挫败感。因此，在询问下属第四个问题时，一定要尽可能地让对方感受到事情已经完成。

下面就如何为第四问组织语言提供一些建议。

“设想你已经做到了我们正在谈论的事。现在，请告诉我，你能从中得到什么好处？”

“想象一下，现在已经是三周后，你已经找来了我想要的那个顾问，他的工作也已经做完了，提交了详细的报告，而你正在浏览这份报告，对这一切，你有什么感觉呢？”

“设想一下，我们轻轻地挥舞了一下魔法棒，然后事情就成了，没有成本，毫不费力，奇迹就这样发生了。那么，你会从中得到些什么呢？”

你可以假设事情已经做成，描述一下发生的改变，鼓励对方设想细节，挑选一天作为事情完成的日期，或者假设是魔法发挥了作用，让改变奇迹般地发生了，不费吹灰之力。这样做的目的无非是让对方切实地感受到事情完成所带来的结果，也为下属提供一个机会，让下属能够认识到自己多么想要看到这样的结果。

这有利于让下属保持积极乐观的态度。研究表明，如果想到的是事情做成带来的积极结果，而不是事情未做成导致的消极结果，人就更有可能采取行动，去做事情。

同样的道理，帮助下属想象他们做成事情后所带来的积极结果，有利于他们积极地采取行动。

当然，如果下属想不出做成事情会带来什么积极结果，你可以换一种问法，让下属想象目前的状况在未来的三周里没有任何改观，然后请他们描述一下可能出现的结果。虽然它关注的重点是负面信息，但你依然应该用积极的方式再重新阐述一遍。就像下面这样。

领导："如果我们什么也不做，一切都不会变化，那么会出现怎样的结果呢？"

下属："如果还这样，我的工作效率不会改变，一直很低，不仅需要加班，加薪、升职也会受到影响，就像以前被辞退的 ×× 一样。"

领导："听你的意思，你认为改变工作流程或许能够帮助你提升工作效率，从而让你避免可怕的后果——像 ×× 那样被辞退。简单来说，改变工作流程能够让你的情况有所好转。"

第五步：强调结果的重要性

通过第五问，我们可以再进一步鼓励下属尽可能挖掘促使其采取行动的个人理由，找出具有个人特色的动机。

举个例子来说，领导用六问法说服下属与自己一起在周末参加行业聚会。开始的时候，下属说是为了让领导高兴；后来又说可以认识更多的人，为自己事业的进一步发展创造机会。但这些动机都不够个人化。通过一番询问、引导后，他才说希望可以为加薪增加筹码，从而更早地带家人去东南亚旅游。这才是具有个人色彩的动机。当然，领导的确花了一些时间才发掘出下属隐藏在内心深处的动机，然而，发现了这些动机之后，下属不仅愿意牺牲周末休息的时间去参加行业聚会，而且还觉得这是一件令他兴奋且愿意做的事。所以，作为领导来说，多花费一些时间和精力完全是值得的。

或许，我们不能总是像上例中的领导那样让下属热情高涨，但是至少应该帮助下属找出属于自己的动机。比如“我想减少工作日里花费在 QQ 上的时间，因为我真的有很多工作要做”，这个动机听起来就不太个人化；“如果我花费在QQ上的时间少了，我就能在五点半前完成工作，而不是在六点，那样我就能提前回家，避开交通拥堵的高峰期”，这个动机听起来比第一个好一些；“如果我花费在QQ上的时间减少了，我就能更早回家为孩子做一顿丰盛的晚餐”，或者“我就能及时回家陪女儿玩耍了”，又或者“我就有时间给好朋友打个电话了——我很久没给他打电话了，或许我能够跟他在电话里聊上半个小时”，这几个动机听起来就非常个人化。

做某事的动机越具有个人色彩，这些动机对下属来说就越重要，因此，也就越能有效地促使下属采取行动。

要想发掘出下属内心深处的动机，你可能得花点儿时间和精力。一旦你做到了，往往会发现这些动机所带来的影响会让你大为震惊。通常来说，在第五问之前，下属给出的动机都是无关痛痒的，比如“为了保住工作”“对我的个人发展有利”“那是我应该做的”“我必须做”“我应该做”。要想找出最核心的动机，可能需要花费一些时间，取得对方的信任，并发挥一点儿创意，但只有找到了最个人化的理由，下属才会从心底里愿意听从指示，所以你一定要有耐心。在这方面，有一个技巧非常有用，叫作“五个为什么”。

第一个“为什么”是：“对你来说，那些结果为什么非常重要？”随后对方每给出一个答案，你就把这个问题重复一遍，直到你问够了五次。结果你会发现，下属开始给出的答案都是冠冕堂皇的，毫无个人色彩，但随后给出的答案越来越个人化，最后你听到的则是隐藏在对方内心深处的属于他个人的动机，言辞恳切，发自肺腑。

作为提问者，你扮演的角色就是引导人，要不断地引导下属给出个人色彩更为浓郁的答案；如果下属的某个答案听起来偏离了这个方向，那就追问一句："这一点很重要，不过对于你来说意味着什么呢？"具体应该如何去做，我们可以从下面的例子中学习。

X 先生是一家大型公司销售部的中层经理，他的领导 Q 总监想要在部门里采用一种新的工作流程，该流程使得 X 先生必须更多地与下属和同事进行交流。部门里很多其他同事也对这种新的部门流程"不感冒"，而 X 先生更是对此深恶痛绝。但是，当 Q 总监用六问法对 X 先生进行说服，进行到第五问时，X 先生的态度开始转变。

Q 总监："好吧，不妨想象一下自己已经适应了新的流程，而 3 个星期已经过去，会发生什么积极的变化呢？"

X 先生："我想整个部门运作会更加顺畅吧。"

Q 总监："很好，不过那是对部门而言。对你来说呢？为什么会首先想到这个变化呢？它对你来说具有什么意义吗？"（第五问的第一个为什么）

X 先生："当然了，如果部门运作更顺畅，我的心情会更好。"

Q 总监："为什么部门运作更顺畅对你来说很重要呢？为什么你会为此而感到高兴呢？"（第五问的第二个为什么）

X 先生："因为以前部门气氛一直很紧张，所以我会很高兴看到这种变化。"

Q 总监："为什么你喜欢看到工作不那么紧张？"（第五问的第三个为什么）

X 先生："因为那样的话所有人都会开心，看到大家开心我会感觉很舒服。"

Q 总监："为什么其他人更开心了会让你感觉很舒服？"（第五问的第四个为什么）

Q 先生："那样部门里的人就能更融洽地相处了。"

Q 总监："为什么帮助整个部门的人融洽相处对你来说是一件好事儿？"（第五问的第五个为什么）

X 先生："我一直想做一个好领导，一个能够让团队更加和谐、大家做事更加顺利的领导。因为我的父亲工作几十年都是一个基层人员，他很希望我能够成为一名出色的领导。我想这种新的流程或许能够帮助我达到这个目的，实现父亲的期望。"

看，最后挖掘出的动机个人色彩浓厚。你或许会奇怪怎么突然就谈起自己的父亲呢？那可是他的家事啊！但这的确是五个为什么发掘出来的动机，从 X 先生内心深处的某个角落里找到情真意切的答案。

只要你在真实地运用"五个为什么"，就会发现它的神奇力量，对它的威力深信不疑。

值得一提的是，到了第五问，下属不再需要你对他们的不安、愤怒或伤心情绪进行重述从而传达你的理解和关心，他们更需要听到你说他们满怀希望、他们想要什么、他们如何相信事情能够出现转机——特别是在他们的信念、希望和欲望被隐藏在连他们自己也不知道的内心深处时。

此时，需要对“重复或附和对方的话”的技巧简要概括一下。你们双方已经取得的进步，为了避免触发逆反心理，只需轻描淡写即可。比如，你可以说：“如果我理解得没错，虽然刚开始的时候你对这个部门流程还不太有把握，但现在你认为它能够让你从中受益（停顿五秒钟，如果对方没有说话，再追问下面一句，这样可以避免对方产生逆反心理），不知道我的概括是否正确？”

最后，尽量反思个人色彩最浓厚、驱动力最为强大的改变动机——五个为什么所挖掘出来的答案。比如，你可以说：“听起来你想要遵守这个新的工作流程，从而成为一名好的领导，像你父亲所期望的那样。”

第六步：确认下属的行动计划

由于内心深处的根本动机被挖掘出来，被问及“接下来，你会怎么做呢”，下属往往会迫切地希望尽快且尽可能完美地按照你所期望的那样去做，这会导致他们承诺过多。比如，他很可能会说：“好吧，经理，我过去总是迟到，但我决定了，从现在开始每天都会按时上班。”又或者：“我明白，我在微博上浪费的时间太多了，我保证，从今以后，我每天花在这上面的时间绝对不会超过 15 分钟。”再或者：“我保证周五之前把所有的档案都整理出来，而且让它们从此永远有条理。”

但事实上，任何事情都需要慢慢来，人也不可能一口吃成胖子。有热情当然是好事，不过步子迈得过大，便很容易跌倒，产生挫败感，导致行动终止。因此，还是先迈出一小步为好，这样更有利于最终达成好的结果。“你看这样好不好？在接下来的一周里，我每天都提前 10 分钟从家里出发，然后我们总结一下情况，再做调整。”“我先尝试在工作日里把花在微博上的时间缩短为半个小时，周末的时候还是不受时间限制。一个月后我再看看进展如何。”“周五之前我先把 VIP 客户的档案整理好，下周再把普通客户的档案整理出来，随后我会想一想如何让档案保持井井有条。”……下属做出这样的承诺更有利于行动，更能达成好的结果。

还有一种可能，由于发掘出的动机太过强烈，下属直接做出承诺。那么，领导是不是就能跳过第六问呢？实际上，无论情况如何，第六问都是非常有必要的。

倘若挖掘到的下属个人动机很普通，不太强烈，第六问能够增强动机，促使其采取行动；倘若对方的动机很强烈，已经说出了自己下一步的行动打算，第六问能够帮助下属对行动打算进行反思，能够帮助领导进行正确的引导；即使他的动机足够强烈，做出的承诺也很客观、正确，第六问也能够让他再强调一遍，同时让他听到自己在强调什么——“就像我刚才说的那样，接下来一个星期，我会每天提前 10 分钟出门上班。”

“接下来，你会做什么呢？”能确保下属大声地说出自己下一步要做什么，或者把自己的下一步行动写出来。即便下属知道自己接下来要做什么，如果能清晰地阐述自己的计划，也会感到更强烈的动力。

现在，你已经知道了如何使用“六问法”。当下属对你的指示质疑时，当下属对你的指示表现出抗拒时，当下属拒绝按照你的指示行事时，与其强迫、责问，不如使用“六问法”，让下属自然而然地、心甘情愿地去改变态度，听从指示。

步步为营，轻松搞定问题员工

L经理刚刚担任了某集团的销售部经理，并开始着手推行一套新的销售系统，他觉得这个系统的功能非常不错。但他有一位下属坚决拒绝使用新的销售系统，这个人就是Z先生。

Z先生在公司工作多年，资历很深，而且他的工作一度非常优秀，有一段时间还蝉联销售冠军。但在L经理接手销售部之前，他的绩效已经开始下滑。L经理试图对他进行引导，遗憾的是他完全不服管教。

“如果他的销售业绩能够提上去，我也就什么都不说了。”L经理说，“可他并没有做好自己的分内工作，对新系统的推行也完全不配合。说实话，如果他能够使用新系统，我觉得他的业绩一定能够得到提升，他一定能重新拥有优异的工作表现。到目前为止，我跟他至少已经谈了3次了！我并不想开除他——他拥有丰富的工作经验，而且资历很深，更重要的是他有两个孩子要抚养。可是我该怎么办呢？”

在朋友的建议下，L经理使用“六问法”与Z先生又进行了一次交流。下面就是他们交流的具体情况。我们在后面的括号里进行了批注，以便您更好地了解“六问法”。

Z先生：“我做销售已经10年了，闭着眼睛都能做好，根本不需要使用什么新系统。”

L经理：“好的，我了解了，虽然大家都希望你能使用这个新系统，但是，严格来说，你并不是必须要使用它，是否使用它取决于你。”（L经理对Z先生的决定表示尊重，让他产生更加强烈的个人存在感。这样一来，当具有个人色彩的动机从Z先生内心深处被挖掘出来的时候就更容易发挥效用。这个过程是非常必要的，因为他和Z先生之前已经谈过好几次了，并且一直试图强迫他按照自己的方式做事，Z先生心中已经产生了非常强烈的逆反心理，而这能够在一定程度上消除Z先生的逆反心理，有利于彼此之间进一步交流。）

Z先生：“我可以理解成，即使我不使用这个系统，你也会放过我吗？”（你从Z先生的话中听出潜在的微弱动机吗？他并没有说“太好了，那我就不用了，谢谢你”，他承认你希望他能使用新系统，但他正在试图安全地“摆脱”这种情况。他这样问意味着他很清楚拒绝使用新系统可能带来不好的结果。）

L经理：“一切都取决于你。不用这个系统可能导致的后果要你自己去评估，到底做何种决定，完全取决于你。”（由于Z先生自己暗示说拒绝使用新系统可能会带来不好的结果，L经理当然就可以坦然地阐述，不过同时要强化他的自主权、个人存在感——一切都取决于你。）

“你看起来好像也担心不使用新系统会导致一些不良后果。你担心什么呢？”（L经理没有训斥Z先生，也没有拿潜在的后果威胁他，而是让他自己想象一下可能会发生什么。）

Z先生：“嗯……我不知道。事实上，这是我第一次去想可能产生什么后果。可能会发生什么呢？我很快就能加薪了，我可不想因此而搞砸。”（由于L经理向Z先生提出问题，让他说出自己的担心，于是他就开始思考可能会发生什么，而不再是单纯地为了拒绝而拒绝、为了抵触而抵触。）

L经理：“好的，Z，能回答我一个问题吗？如果你愿意使用新系统，我知道你说过你不需要使用它，但这只是一个假设，最终你要如何做都取决于你自己，我想问的是，如果你的确想要使用它，是为什么呢？”（L经理继续强化Z先生的自主权、个人存在感，进一步打开他的心扉，消除他的逆反心理，同时问了“六问法”的第一问——你为什么想要做这件事。）

Z先生：“我已经告诉过你我不需要这个系统。”

L经理：“是的，我知道。现在我问的并不是你是否会使用这个系统，我知道你不喜欢它，我只是想知道，如果你想用它，可能是出于什么原因。我很乐意听听你的答案。”（强调这只是一个假设，强调Z先生有权利表达自己的观点，询问他的想法不是试图让他接受系统，这是非常关键的。由于Z先生一直都有抵触情绪，所以L经理必须花费更多的时间和精力去强化他的自主权、自我存在感以消除其逆反心理，始终把关注焦点放在他的选择和想法上。）

Z 先生：“如果是这样的话，那答案很简单。我的目的无非是让我免于被你和其他人嘲笑，同时也是为了确保我可以顺利加薪。”（现在 Z 先生至少开始从理论上考虑了。尽管他一直怀有抵触情绪，但却一下子给出了两个使用新系统的理由，有了两个动机。）

L 经理：“听起来使用新系统至少能够带来两个回报。不过你能给我详细说说不让大家嘲笑你是什么意思吗？我好像没太听明白。”（L 经理表示他能够理解 Z 先生的感受，这让 Z 先生觉得他的确在认真聆听，他还问了 Z 先生一个开放式问题，引导他进行深入的思考。）

Z 先生：“就是感觉很不舒服。我想已经没有人记得我曾是公司的销售冠军了，现在他们只会说‘又是 Z，他又不守规矩了’。如果大家能不再取笑我，我的心情会好很多，工作时也会更积极一些。”（L 经理一定从来没有听 Z 先生说过这些话。不过他现在知道了，知道 Z 先生原来很在乎别人怎么说，也知道了几年前的销售冠军称号在 Z 先生的心目中占有那么重要的地位。）

L 经理：“真是难怪你会心烦。我理解你为什么希望大家别再那样对你了。那么，如果这些问题都不存在了，你可能会出于什么原因考虑使用新系统呢，至少使用新系统中的部分功能？”（由于 Z 先生的抵触情绪很强烈，所以 L 经理又回到了第一问——你为什么想做这件事。与此同时，他也表示自己非常理解 Z 先生的感受，然后进一步引导 Z 先生去思考可能会基于什么原因去使用新系统。Z 先生开始与他分享自己的想法和感受，他们两个人的交流开始步入正轨。)

Z先生:“我想新系统总该有一些用吧。”(现在Z先生关注的焦点不再是外部那些原因了——L经理和其他同事是如何对待他的,而是使用系统本身所能带来的好处。这无疑是一个非常不错的迹象。Z先生之所以能做出这样的转变,完全是因为L经理没有把自己的想法强加于他,而是通过提问,引导他自己去思考,从而让他至少认可新系统的某些价值。)

L经理:“好的,Z。如果用1～10代表你使用新系统的意愿程度,其中1代表‘一点儿也不愿意’,10代表‘很想’,你会选择哪一个数字呢?”(L经理进一步引导Z先生,对Z先生问了“六问法”的第二问——你有多想做这件事。)

Z先生:“你问这个问题好像有些多余吧!”(Z先生开始抵触这种新的沟通方式,但他并没有拒绝回答这个问题。)

L经理:“我只是想了解一下你的想法。如果你要对自己的意愿程度打分,你会打几分呢?”(面对怀有抵触情绪的人,有时候必须对问题进行重复。“如果你要对自己的意愿程度打分,你会打几分呢”,这样说能够赋予Z先生最大的自主权,所以也会给L经理带来惊喜。)

Z先生:“我会选3吧,不过谁知道呢,明天我可能就选其他数字了。”(Z先生依然有抵触、逆反情绪,他拒绝做出任何承诺,L经理需要承认这一点,并在回应时继续强化他的自我存在感、自主权。)

L经理:“好的,谢谢你。我可以再问你一个问题吗?你为什么没有选择更小的数字？”（L经理说的“谢谢你”意味着他很感谢Z先生回答了这个问题，因为他完全可以不回答的。接下来L经理开始征求Z先生的意见，引导他继续思考动机，继续交流下去。）

Z先生：“现在你可真把我搞糊涂了。难道你希望我的动机水平更低吗？”（正如你所看到的，一个怀有抵触情绪的人常常会拒绝回答每一个问题，有时候还会多次拒绝。领导则需要具备足够的耐心和毅力坚持提问，同时根据他的回答抓住一切机会引导对方思考动机。L经理通过前一阶段的努力，现在Z先生不再一味拒绝听从指示，而是开始关注L经理想要什么，L经理接下来要做的就是抓住这个难得的机会。）

L经理：“Z，我很高兴你开始关心我希望什么。不过，现在我感兴趣的是你想的是什么。你把自己使用新系统的意愿程度定位在了3上，我很好奇。你本来可以选择2甚至是1的，可你却没有，那么你为什么选择3？为什么没有选择更小的数字？”（和大多数人一样，对这个问题，Z先生吃了一惊，他有些困惑，为什么L经理一直在谈论他的动机，他已经习惯听L经理说他想要什么了。）

Z先生：“我真的很想获得加薪。”（虽说Z先生说过自己不想使用新系统，但却又一次确定了自己使用新系统的原因。如果L经理此时问他“那你会使用新系统吗”，Z先生很可能会回答“不”。不过L经理并没有提出这个问题，他问的是如果他想使用新系统，可能是出于什么原因，这就给Z先生留出了思考的空间，让他能够积极地去思考此前他一直消极对待的事情。）

L经理：“好的，我明白。如果你觉得使用新系统能够让你获得加薪，你就有可能使用它。”（L经理聚焦在Z先生的动机上重复、附和Z先生的话，从而增强Z先生的动机。当然，L经理说的是Z先生想要什么以及为什么，但绝对没有超出Z先生自己所说的范畴。）

“现在，请设想一下你使用了新系统而且获得了梦寐以求的加薪。为什么你会如此看重加薪这件事呢？”（L经理把自己希望看到的行为与Z先生想要的结果结合在一起——事实上，是Z先生自己把两者联系在一起的。L经理并没有用好的结果“诱惑”Z先生，也没有用不好的结果威胁Z先生。他只是强调了Z先生对他说过的话，这意味着“六问法”第四问的时机已经成熟，于是L经理问了“设想一下，如果你做到了，会发生什么好结果”这个问题。）

Z先生：“（停下来想了一会儿）我想给女儿买架钢琴。她都跟我要了好几年了。”（这是Z先生第一次从个人角度谈论自己的动机，而且的确是发自内心的。在说出这种富含个人情感的动机之前，人们通常都会沉默一会儿。此时，作为领导必须克制住内心的冲动，静静地陪着Z先生默默地思考，之后，一定会有意想不到的惊喜。）

L经理：“看来，使用新系统能帮你实现给女儿买架钢琴的愿望。”（L经理再次以Z先生的动机为核心重复、附和Z先生的话。需要记住的是，人只有在听到自己说为什么想要去做的时候才会真正去做。）

Z先生：“我想你是对的。使用新系统或许真的可以帮助我为女儿买架钢琴。”（通过L经理的引导，Z先生开始思考真的应该接受新系统。）

L经理：“你可以利用增加的薪水为女儿买一架钢琴。（L经理再次以Z先生的动机为核心重复、附和了Z先生的话。一般来说，如果下属开始的时候说过他不想听从指示，领导就需要耐心地反复以其动机为核心重复、附和下属的话。）那么，为什么给女儿买一架钢琴对你来说那么重要？”（L经理开始“六问法”的第五问，这是L经理版本的“五个为什么”。他可以不用问五遍为什么，但一定要更进一步，以便帮助Z先生找到隐藏在内心最深处的个人动机。）

Z先生：“我小时很喜欢小提琴，却因为经济原因一直没能拥有一把。从此，我就发誓说，如果我的孩子真正喜欢一件东西，那我一定会满足他。”（Z先生的回答所带的个人色彩更加浓郁了。通过了解自己的动机，Z先生更有可能听从L经理的指示——使用新系统。他此时正在发掘隐藏在自己内心深处的动机。）

L经理：“嗯，我明白了，尽管你一点都不喜欢新系统，但使用它却能够让你兑现很久以前做出的承诺——能够让你在孩子身上弥补自己童年的缺憾。”（继续以动机为核心重复、附和Z先生的话，以增强Z先生的个人动机，促进其采取行动。）

Z先生：“是的，我想那样真的挺好的，我很想为女儿做些什么。”（L经理感觉到，此时Z先生已经做好了采取行动——使用新系统的准备。由于清楚地意识到动机，使用新系统的想法已经在他心里生根发芽。）

L经理：“那么，接下来你会做什么，如果你想做的话？”（L经理对Z先生提出“六问法”的第六问，需要注意的是，此时L经理应该做的是把Z先生的希望放在中心位置，而不是把自己的希望强加到Z先生身上。）

Z先生：“或许我可以试着用一用新系统。我先用一个星期吧，然后看看效果如何，或许它真的对我有些用处。”（如果Z先生自己没有提出来，L经理可以从最细微的地方入手，问问Z先生能否尝试使用新系统的某个部分，只用一周，或只用一天也好。）

L经理：“Z，你能这么说真是太棒了。一个星期后你愿意再跟我聊聊吗？到时候我们一起聊聊事情有什么进展？”

Z先生：“当然，没问题，怎么都行。你还真喜欢开这种小型会议。对吧？”（Z先生此时也开始捍卫自己的自主权，他选择的方式对L经理来说粗鲁了一点儿。不过他的态度并不重要，重要的是他已经主动要求使用新系统并且答应再次与L经理交流。如果Z先生说“我看没什么必要”，L经理则可以回答说“如果你能再考虑一下，我会很感激的。或许我们可以另外约个时间再谈谈这个想法”。接下来，如果Z先生完全接受了这个新系统，自然皆大欢喜；如果情况相反，Z先生仍然怀有疑虑，L经理可以重新使用“六问法”，发掘Z先生内心深处更具力量的动机。）

第八章

改变员工7种观点，人人都能变将才

用责任代替责备

C 经理："办公室怎么这么脏，怎么回事？"

下属："打扫卫生的阿姨请假了，已经好几天了，等她来上班就好了。"

C 经理："所以，办公室就只能这么脏？你们是不能还是不会打扫一下呢？"

下属见领导发火，默默地拿起扫帚开始打扫，心里却也有些愤愤的。"又不是我的责任，凭什么对我发火？凭什么让我打扫？我又不是做保洁的！"

同样作为领导，一定能够理解 C 经理为什么会发火——领导需要的是能够承担责任的下属，而不是遇到事情只知道推诿、找借口的下属。与上例中的下属表现相反，有责任感的下属不会推诿说是其他人的事，而会立即说"对不起，我马上打扫"。相信这样的下属才是领导能够倚重的、放心的。

那么，要如何才能快速而有效地激活下属的责任感呢？

问题1:“这件事情会对我们个人产生怎样的影响呢？”

心理学家巴利与拉塔内提出的“旁观者效应”就是对“缺乏责任感”的一种诠释。他们认为：当出现问题时，如果在场的人有很多，大多数人都是站在旁观的角度来看问题，所以在众多的人中，真正积极行动起来解决问题的人是极少数的。

遇到事情，所有的下属都觉得不关自己的事而冷眼旁观，发现了问题不汇报也不解决，势必会导致团体效率低下，甚至无法正常运作。对于领导来说，这简直就是灾难。

为了能让下属意识到，那些他们认为与自己无关的事情其实与自己大有关系，进而将处理好这些事情划分到自己的责任范围内，领导可以问一问下属：“这件事情会对我们个人产生怎样的影响呢？”以上面的C经理为例，作为领导，他完全可以这样询问引导下属。

C经理：“办公室怎么这么脏，怎么回事？”

下属：“打扫卫生的阿姨请假了，已经好几天了，等她来上班就好了。”

C经理：“办公室这么脏，你觉得对你个人有什么影响呢？”

下属：“不说倒是不觉得，一说注意到了，感觉在这样的办公室里上班有些别扭呢！”

C经理：“是啊，影响工作的心情呢！心情不好，效率也会跟着降低吧？”下属默然表示同意。

“如果你的客户，或者来通知有晋升名额的人事领导，这时走进来，看到这样的办公室，会有什么影响呢？”C经理继续问道。

下属没有立刻回答C经理，而是在心里做着推演：“这样脏乱的环境，无论是客户还是人事领导都会觉得反感吧；对在这样办公室工作的我也不会有好印象吧；缺乏好感，那么订单、晋升的机会也很有可能会飞走吧……”想到这里，下属觉得放任办公室这样脏乱，真是太不应该了，他立刻行动起来，吆喝着其他几个同事一起开始打扫办公室。

通过问下属“办公室这么脏，你觉得对你个人有什么影响呢”，引导下属开始思考办公室那么脏是不是真的不关自己的事；接着进一步更加细致地询问下属“如果你的客户，或者来通知有晋升名额的人事领导，这时走进来，看到这样的办公室，会有什么影响呢”，让下属更加具体地、更加深刻地了解会对自己产生哪些影响。在了解到“其实和自己有莫大的关系，必须处理好才不会对自己产生不良影响”之后，下属就会切实地承担责任，而不是推诿。

类似“这件事情会对我们个人产生怎样的影响呢”这样的问题能够让下属明白“覆巢之下，焉有完卵”的道理，能够让下属懂得企业如同一台巨型机器，而每个员工以及其所在的岗位都是这台机器上不可或缺的零部件。无论是哪一个零部件出了问题，都会影响到其他零部件的正常运转，并最终导致企业这台机器出问题。

懂得了这些，下属就能在合适的时候挺身而出，不畏惧工作的艰辛，揽下更多的责任，以减轻领导和团体的负担，变得更加得力。

问题 2：“最好的结果就只能这样吗？有没有可能取得更好的结果？”

在大多数企业中，对“借口”，员工往往不是杜绝，而是希望多多益善。“那个客户太挑剔了，根本就没法和他做生意”“我可以早到的，如果不是路上堵车”“时间太紧啊”“现在是休息时间，半小时后你再来电话”“这不是我的职责”……缺乏责任感，借口诸多，是一个普遍现象。

尤其是当下属把某件事情办砸的时候，更是会用诸如“堵车”“家里孩子生病了”“平台不行”“营销方案不好”等借口来为自己开脱。仿佛只要有了这些借口，只要借口够充分，就能够心安理得。

或许，借口的确能够让人更好过一些，但它将所有的错误都合理化，渐渐地，它就会把人带入歧途—— 一方面，借口是一台掩饰弱点、推卸责任的“万能器”，它会让人变得不负责任、无所担当、无所作为；另一方面，借口往往将人同一些否定性的语言比如“没有”“不是”等相联系，久而久之，它就会腐蚀掉人的自信，让人的能力减弱。

因此，渴望下属得力的领导一定要让下属杜绝借口，从而提升他们的责任感。为了这个目的，领导不妨问问下属：“最好的结果就只能这样吗？有没有可能取得更好的结果？”

S 经理：“订单签下来了吗？”

下属："还没有。"

S经理："出了什么问题吗？已经整整一个星期了呢！"

下属："那个客户太刁钻了！一会儿要考察我们的生产车间，一会儿要看我们的用户反馈，一会儿又要我给他申请VIP折扣，一会儿又要再考虑考虑……我估计再有一个星期都未必能拿下来。"

S经理心里有些生气，下属明显就是在推卸责任。作为销售人员，产品的相关资料、给客户的折扣、促使客户做购买的决定等本就是应当的，是应该早就做好准备的，可是现在却将这些当作未完成工作的借口。但他知道责备、质问于事无补，只会给彼此的关系造成伤害。所以，他深吸了一口气，缓解了一下内心的情绪，随后心平气和地问道："那么，再用一个星期拿下订单是最好的结果吗？有没有可能现在拿下订单？"

下属想了想，说："是有可能现在拿下订单的。如果我能够实现预计客户的要求，事先准备好。"

S经理："那么有没有可能事先准备好呢？"

下属沉默了，他想了想客户的那些要求，其实他都是可以事先准备好的。他忽然意识到自己应该提前准备好各种资料。

S经理看着沉默的下属，知道他已经明白了自己的缺失之处，说道："如果有可能取得更好的结果，那么以后就这样去做吧！我相信你会越做越好的。"

绕开"借口"这个话题，避免与下属发生冲突，只问他是否这就是最好的结果，有没有可能取得更好的结果，能够引导下属去思考取得更好的结果的方法，从而发现自己的缺失之处，让自己的借口不再成立，进而让下属不知不觉地抛弃借口，直面问题、思考问题、解决问题。更重要的是，这能够顾全下属的自尊，如果最后再加上一两句肯定的话语，还能够在一定程度上提升下属的自信，促进下属的积极行为。

人脉广不如人情深

工作效率高、做事总能做成的人，大都拥有丰富的社交关系。当遇到无法解决的难题时，社交关系会是帮助他们克服困难的强大助力。举例来说，下属做销售，业绩差，此时若拥有足够的社交关系，完全能够解决问题，而领导也不必跟着头疼；下属做报表，需要行政部门提供数据，但行政部门因事情太多一再拖延，若是在行政部门有朋友，完全可以请朋友帮忙，而不必劳驾领导去沟通……无疑，工作不仅需要技术，还需要社交关系。

遗憾的是，有超过半数的人的社交关系都很糟糕。至少他们自己是这样认为的，并且正为如何拓展社交关系而烦恼。

那么，领导要如何才能帮助下属补上社交关系这块短板呢？介绍更多的人给下属认识，还是敦促下属积极地去认识更多的人？只需问三个问题，下属就会找到拓展社交关系的方法。

问题 1：拨乱反正——“你是不是成为名片收集者了？”

下属工作经验、人生阅历有限，很容易陷入错误的认知——认为认识的人越多，社交关系资源就越强大，自己能够获得的助力就越大。而事实却是，真正能够对自己工作有所助益的并不是认识了多少人，而是交情深的朋友有多少。

不要一味地想着要拓展社交关系，而是要从周围的人开始慢慢加深彼此的缘分，以结果而言，这么做还是能够建立起多元宽广的社交关系的。

M先生以前也认为一定要认识更多的人才会对工作有所帮助，因而行业交流会从不会落下。在交流会上，他总是一边说着“我是网页设计公司的老板，设计、制作、维护、改版什么都会做”这样的介绍词，一边与每个人交换名片。那时，他执着地保持着一个虚幻的期待——尽可能地多认识人，说不定其中就有能为自己事业带来契机的贵人。

结果如何呢？

的确，M先生收集到了成堆的名片，之后也和其中的很多人通过短信、电子邮件、电话联系过几次。不过，几乎都在两三次之后断了音信，更不要说给事业带来什么帮助了。

后来，一次偶然的机会，他终于明白了问题出在哪里。

那天，他又参加了一个全国性的网际网络展会。他在偌大的会场里不停地走动参观，与那些看起来还不错的人交谈。不知不觉一个上午过去了，因为太累了，他便坐在休息区的长椅上休息，一扭头发现身边也坐着一个看上去和自己一样走累了的人，很自然地，他开口打招呼：“你好，会场真是太大了，展出的东西也多，真是太累人了。”

在毫无意义的寒暄之后，他们交换了名片，对方只是某个在展会上展示商品的公司的职员。当时，M 先生觉得对方并不会给自己的事业带来什么帮助，于是没有尽力地推销自己，只是很自然地交谈了一会儿。

出乎意料的是，在这之后，M 先生与那位先生的交往开始逐步加深——从短信联络到电话联系，从网上交流到一起出去吃饭，从爱好相通到引为知己。在这个过程中，他们的距离不断拉近，最后竟成了无话不谈的朋友。每每工作上遇到什么难题，对方也总会给出很中肯的意见，甚至是切实的帮助。

为了想要认识对自己事业有帮助的人而拼命发放名片，结果却是一次偶然相遇认识的人与 M 先生建立起了深厚的友情，并给予了 M 先生莫大的帮助。

M 先生对此十分感叹。此后，他在带人时，时常问下属“你是不是成为名片收集者了”，以此让下属反省自己在社交关系方面所做的努力是否正确。

领导在带人的过程中，不妨也像 M 先生一样问一问下属“你是不是成为名片收集者了”，以便让下属早日走出误区，明白“与其以量取胜，不如好好地与少数人建立深厚的关系”这个道理。

问题 2：找到身边的贵人——“你身上发生的好事，总与什么人有关吧？”

与许多人交换名片，对拓展机会来说也许是不错的方法，然而，浅而广的交际方式，并不能让我们获得能带来帮助的社交关系。领导与其鼓励下属去认识更多的人，不如引导下属找到身边的贵人，并与之加深交情。

为了让下属能找出身边的贵人，领导不妨问问下属："你身上发生的好事，总与什么人有关吧？"

告诉下属，就算只是小事、不起眼的事也不要紧，要是觉得自己身上最近都没有发生好事，那么回想之前的情况也可以。例如，谁给了中肯的劝告，谁介绍了新朋友，谁成了内心的支柱，各种形式皆可，请试着帮助下属想起那些曾经帮助、支持过他们的人吧。

具体地说，领导可以通过这个问题，引导下属去想起这些人：

给予自己某种帮助的人——"好事？遇到困难的时候有人伸出援手。上个月，我不小心把客户的委托函忘在了会议室，正是××私下悄悄交还给我。"

教会自己某种知识或技术的人——"开发客户越来越顺利了。这多亏了几个月前××拿了他的工作笔记给我学习。"

给自己某种忠告或建议的人——"我设计了各种多元且自由的方案，很受客户的欢迎。这是因为之前有位前辈曾对我说'你并不喜欢自己现在的设计风格吧'，这让我开始认真思考自己究竟喜欢什么，进而改进了自己的设计风格。"

认可自己能力的人——"有客户主动找上门来要我为他们的新居做家居设计。这是因为半年前，有一位客户非常满意我的设计，为我介绍了许多新客户。"

引导下属去想起那些带给他们积极影响的人，然后问一问"嗯，很不错的人，为什么不继续交往呢”，以激活下属与这些“贵人”加深交情的意愿。在与这些人的交往中，下属往往能够像领导期望的那样快速成长起来。

问题3：加深交情——“有什么是你能为对方做的呢？”

“有什么是你能为对方做的呢？”这个问题能够帮助下属找到与他人加深交情的途径。

无论是对新结识的人，还是对已经认识的人，如果想要加深彼此间的交情，都应该想一想“自己能给予对方怎样的帮助呢”“自己和对方能够一起做些什么呢”。下属如果想明白这两个问题，便能很清楚地知道自己应该怎样和对方相处，怎样获得对方的好感。

L经理：“既然觉得那位客户很不错，为什么不加深彼此的交往呢？”

下属：“你是说像朋友一样，而不只是客户和业务员？”

L经理：“为什么不呢？那很好，不是吗？”

下属：“可是，大家见面的机会很少。”

L经理：“那不是更应该时常联络吗？”

下属：“不知道从哪里着手。”

L经理：“想想，有什么事是你能够为对方做的呢？”

下属：“准备一份充满惊喜的礼物寄给她，表示感谢。”

在带人的过程中，领导也大可向L经理学习，引导下属找到与他人加深交情的具体途径。

用竞争激发热情

日本有一家公司的土地开发计划需要购买近郊的一块土地。可是主人是个倔强的老太太，任凭这家公司的人费尽口舌，她也不愿意出卖。

为了保证计划能够顺利进行，这家公司的人只得隔三岔五地来游说她。一个下雨天，老人借着到城里办事的机会来到这家公司，她要告诉董事长“死了买这块地皮的心吧”，要他们再也别去烦她。

她推门一看，屋里的地板光彩照人，而自己却满身是泥。她正犹豫着该不该走进去的时候，前台的秘书小姐微笑着走到她面前，热情地说“欢迎光临”。小姐也看出了老人的窘态，她毫不犹豫地脱下自己的拖鞋，整齐地摆在老人的面前，微笑着说：“下雨天，天凉，请您穿上这个吧！”

老人看着秘书小姐光脚踩在冰冷的地板上，有些不好意思。秘书小姐却热情地说：“没关系，人的脚适当地接触地气可是很好的。您是我们的客人，就请穿上吧。”

等老人穿好拖鞋，秘书小姐才问道：“老人家，请问您要找谁呢？”

“哦，我要见你们的董事长。”

“好的，我这就带您过去。”说完，秘书小姐像搀扶自己的母亲一样扶着老人走到董事长办公室门口。

在走进董事长办公室之前，老人改变了主意，决定把那块地皮卖给这家公司。

一个大企业倾尽全力交涉多时也徒劳的事情，竟然因为一位秘书对工作的热情而促成了。

作为领导，倘若手下的每一位下属都能对工作保持热情，那该是多美好的一件事啊！但现实却是，下属对工作的热情往往在各种压力、挫折、冷漠中被消磨殆尽。如此一来，激发下属对工作的热情，就成了领导在当代企业管理中不可忽视的课题。

以下几个问题能够帮助领导快速、简单而又有效地激发下属对工作的热情。

问题1：“你觉得工作中自己有哪些地方做得不错呢？”

一个人之所以对一件事情充满热情，往往是因为能够从中获得满足感、成就感。遗憾的是，失败永远比成功多，绝大多数人很多时候面临的结果都是失败，至少是比自己预期差很多的结果。总是不如意、总是失败、反复几次都是不愉快的经历，自然就会下意识地不想再做这件事。即使不得不做，也没什么激情，按部就班地希望赶紧结束，又或者干脆敷衍了事。

因此，当下属完成一项工作时，领导不妨与下属一起进行工作总结，问一问下属："你觉得工作中自己哪些地方做得不错呢？"

这个问题能够帮助下属发现自己工作中的亮点，找到自己的优秀之处，从而即便工作成果不如预期，也能获得成就感、满足感，有利于下属对工作保持热情。

P女士在某广告公司做平面广告设计工作。随着市场竞争越来越激烈，几乎每个案子都要P女士先做出草案，与其他公司的草案一起任由客户选择。很多时候，P女士所做的都是无用功，不能被客户采用。

最近连续好几次，P女士的方案都落选了。这让她很沮丧，再做设计方案时也没什么激情，缺乏灵感，甚至无法集中精神。

作为P女士的直属领导，M主任很快发现了P女士的情况。他问P女士："怎么了？出什么事了吗？我感觉你最近几天工作都不在状态的样子，有困难一定要告诉我，看看我有什么能帮忙的没有。"

P女士："嗯，不知道哪里出了问题，最近连续好几次的设计方案都落选了。"

M主任："你把这几次的设计方案打开，我们一起分析分析。"

看了P女士最近几次的设计方案，M主任想了想，指着其中一个方案，问："你觉得，这个方案有什么亮点呢？"

P女士："用色明快，布局也比较新颖，选择的广告语字体也很醒目。"

M主任点头，很认可地说："的确，用色、布局、字体这几个方面都做得很不错。那你为什么还沮丧呢？”

“是啊，我做的方案还是很不错的，有很多亮点呢！”P女士这样想着，工作的激情不知不觉地又回来了。

一方面，M主任通过“你觉得，这个方案有什么亮点呢”这个问题让P女士重新获得了自我肯定和成就感，从而找回了工作热情。另一方面，M主任对P女士的工作进行称赞式的询问，这会让P女士有被关注的主角感，有利于她保持工作热情。

其实，如果能够在下属工作一完成，沮丧、挫败感还没有产生、壮大时，就对下属进行询问，下属的工作热情指数会更高。

问题2："为什么不做得比××更好一些呢？"

在挪威，沙丁鱼是人们的挚爱，因此沙丁鱼非常畅销，如果是活蹦乱跳的沙丁鱼往往能比那些死鱼多卖好几倍的价钱。遗憾的是，沙丁鱼大多在返航的路途中就死了。为了能使它们活着到达码头，渔民们尝试了许多办法都没有成功。

后来，人们发现将一条鲶鱼放进装满沙丁鱼的鱼槽里，就能够解决问题了。原来，由于鲶鱼对周围环境很敏感，把它装入鱼槽后，它会不安地四处游动，而沙丁鱼发现这个紧张得四处游动的家伙后，也会不安起来，加速游动。如此一来，沙丁鱼便能活着抵达码头了。

后来，这种现象引起了专家的关注，他们认为：通过个体的“中途介入”，能激发群体中其他个体的竞争意识，从而大大地提高其效率。这就是所谓的“鲶鱼效应”。

有了对手，才有危机感，才有竞争力。有了对手，才有动力去奋发图强、革故鼎新、锐意进取。因为我们知道，如果不这样的话，唯一的命运就是被吞并、被替代或被淘汰。

在企业中，如果员工中缺少了“鲶鱼”，就难免普遍缺乏热情。作为领导，完全可以在下属中间放入一条“鲶鱼”，并问问下属“为什么不做得比 ×× 更好一些呢”。这样可以激活下属的竞争性，激发下属的斗志，从而使他们在工作中展现出更多的热情。

具体地说，在带人的过程中，领导可以先树立员工典型，然后通过类似“为什么不做得比 ×× 更好一些呢”来激发其他下属与典型员工的竞争，从而提升下属的工作热情。比如，主管销售的领导可以这样问下属：“×× 这个月的销售额已经超过 100 万元了。我记得上个月你的销售额只比 ×× 少两三万元而已。怎么样？这个月有没有信心超过他？”

良性竞争能够促进发展，如果没有竞争，人们便很容易缺乏热情，放任自己止步不前。因此，领导要善于通过问询下属来营造下属之间良性竞争的氛围，激发他们的工作热情，激励他们向着更高的目标努力。

价值从贡献中来

收到寄来的特产，就分给左邻右舍吧。如今生活在都市中会这样做的人似乎越来越少了。在工作中也是这样，越来越少有下属能够不问回报地给予，贡献自己的力量。

明明很熟悉电脑操作，看到同事被如蜗牛般运行的电脑弄得快崩溃了，也不会主动帮一下；工作时间内没做完工作，领导让加一下班，马上就开始谈加班费……这种情况，让领导懊恼，同时也让领导无奈。

其实，要激活、培养下属的主人翁精神，让其在工作中懂得贡献并愿意贡献，领导不妨问下属几个问题。

问题 1:“贡献与换取有何差别？”

所谓的贡献，是付出但不求回报，这种工作方式能够使团队更有凝聚力，提升团队的效率。换取，则是“因为你可以给我什么，所以我才给你什么”。

举例来说，网络公司的职员在个人微博里彼此分享各自的微博链接，能够使得彼此获得更多的拓展网络人脉的机会。不懂贡献只想换取的人往往会说："我会在自己的微博中分享你的链接，所以你也分享我的吧！"相反，懂得贡献的人会说："你的微博让人读了受用不已，能不能让我把链接分享到我的微博中？"

这两种说法，将在他人心中留下完全不同的印象。前者让人觉得反感，让人下意识地排斥与之打交道，如此一来，团队的凝聚力、工作效率就会降低；而后者让人产生好感，心甘情愿地给予支持和帮助。前者过分强调"给"和"取"的关系；后者注重给予，却反而让报答变成了一种自发性的行为。

简单地说，贡献与换取，从初衷，到具体做法，再到产生的结果都有本质的不同。领导唯有让下属明白了这些不同，他们才能更好地融入团队，如鱼得水地工作，从而创造出更多的成果。

具体而言，领导可以像下面的Y经理一样通过发问，让下属清楚贡献与换取的不同，懂得贡献的真意。

Y经理："贡献和换取有何不同呢？"

下属："贡献，是不求回报的，很多时候付出了却不一定会有获得；换取，是以获得为目的的付出，大多数时候只要付出了都会有所得。"

Y经理："如果可以自由选择，你会选择贡献还是换取呢？说实话就好，没关系的！"

下属："换取吧！"

Y经理："举个例子，你之所以加班，是为了换取丰厚的加班费，如果没有加班费，那么你会不愿意加班，对吗？”

下属：“……”

Y 经理：“如果这样，你和公司之间应该是不拖不欠的吧？既然如此，你认为公司为什么会愿意为你提供加薪、晋升的个人发展机会呢？”

下属陷入了思考中。

只要通过问题进行引导，让下属自己去想明白，贡献是“以不争为争，是争也”，而换取是“以争为争，非争也”。那么下属就会从心底愿意去贡献。

问题 2：“此时，有什么是你能做的呢？”

贡献，对很多人而言是个非常抽象、广泛的概念，有时即便愿意为团队贡献自己的力量，却往往意识不到，自己什么时候应该贡献，可以贡献些什么。

D 先生是公司的新进人员——一个毫不起眼的普通职员。每天，他都做着毫不起眼的工作，像钟摆一样重复着简单到枯燥的工作轨迹。他对公司的运作了解得很少，会的、能够做好的事情也不多。然而，他一直记得上岗前，公司老总问他的问题——“想要公司给你们加薪、晋升，为什么不先问问自己对公司有什么贡献？”

正是这个问题，让 D 先生意识到只有将公司当作自己的家，为了公司的发展不遗余力、不问所得地努力，才可能在职业的道路上走得更远，获得更好的个人发展。他很想为公司、为其他的团队成员做点什么，却不知道自己能够做些什么。

“此时，有什么是我能做的呢？”他时常这样问自己。很快，他就发现，上司T经理每天会在公司工作到很晚。于是，他决定也留在公司，即使没有人要求他这样做。他想：如果他留下来，至少可以为T经理查找需要的文件和打印资料，这些工作虽然简单却很浪费时间，如果他做了这些工作，那么T经理就能处理更多重要的事情。此后，晚上公司里工作的人就成了他们两个。

D先生所做的仍然是毫不起眼的小事，但他的贡献，大大提升了T经理的工作效率，促进了公司的业务发展。当然，不久之后，他就成为T经理的个人助理，自己也得到了很好的发展。

“有什么事是我能做的呢？”这个问题能够引导下属发现那些自己力所能及的事，找到贡献的具体切入点，促使他们将贡献从一种想法变成切实的行动。

因此，当下属已经完成了自己的工作正无所事事时，领导不妨问问下属：“此时，有什么是你能做的呢？”

提升下属的自我认同感

作为领导，下属众多，不可能有时间和精力及时地给予每一位下属指导，为其阐释工作的必要性和意义。这就导致难免会有下属因无法发现自身以及工作的价值而变得缺乏干劲或视工作为负担。

为了解决这个问题，领导不妨问下属几个问题。

问题 1：“如果没有你，会产生怎样的困扰？”

为什么要问这个问题呢？首先，通过这个问题，下属可以更明确地了解自己以及自己的工作存在的意义是什么。

J 女士是某国际连锁餐饮店的职员，一年到头都很忙，逢年过节时更是忙得恨不得多长出几双手脚。

尽管很想每个节日都能够和亲人一起度过，可是到了最后还是不得不在店里忙碌，甚至临时充当外送人员，自然也就精神低落，心中多有不满。直到有一天，店长问了她一个问题：“为什么无精打采的呢？你不觉得自己的工作很重要吗？”

“自己的工作很重要？有什么重要的呢？如果没有自己，也不会有什么影响吧？”J女士在心中问着自己。然后她想起，在为顾客上门送餐的时候，孩子从门里冲出来，迫不及待地接过餐盒，打开餐盒，高兴地大喊：“哇……有××，还有××，都是我爱吃的！”而大人也会满脸笑容地付款，并感谢她的服务，气氛和乐温馨。

想到这些，J女士忽然明白，原来没有了自己，会有人少了很多快乐和幸福。她送到顾客家里的不仅是吃的喝的，更是快乐和幸福啊！

从这样的角度去思考，J女士忽然觉得有些高兴，忙碌的工作也不再那么让人不开心了。

引导下属去思考“如果没有你，会产生怎样的困扰”这个问题，他们就会像J女士一样有所体悟——“尽管自己做着诸如复印、录入、整理数据这样的小事，但却让同事和上司的工作变得更加简单，也是不可缺少的呢”“尽管辛苦，工资也不够丰厚，但我为很多人带来了快乐”……有了这些认知，下属的工作意愿就会得到提升，视工作为乐趣。

其次，这个问题能够帮助下属更加准确地进行自我定位。

P先生是专门为企业培训人才的培训师，最近刚刚被邀请到一家大型公司人事部工作。一进公司，他就碰到了难题。

他培训公司员工新的技巧，但是参加培训的大多数员工的积极性都不高。他尝试着与员工沟通，对培训的技巧预先进行介绍，可是任凭他说得再多，员工仍是一副满不在乎的样子。这让他非常迷茫，不知道自己应该怎样去努力。

这时，P先生想起一位培训老师告诉自己的话："如果觉得迷茫，就问问自己'如果没有我，会有什么影响呢'。"他开始这样问自己，并在纸上写下了这样的答案：

没有我，谁来培训员工新的工作技巧呢？

没有这些新的工作技巧，员工的工作效率要如何提升？

工作效率一直这样低的话，员工只能牺牲自己的休息时间而加班，这样生活也会受到影响吧！再者，上司也会不满，甚至有一部分人会失去工作吧！

……

当这个问题的答案越来越明白，P先生也找到了努力方向——他能够让员工提升工作效率，从而拥有更多享受生活的时间，而不必为工作占用太多个人时间；他能够提升员工的个人能力，让他们在激烈的竞争中立于不败之地，甚至晋升。

在接下来的工作中，P先生不再因参加培训的员工的态度而纠结，致力于提升员工的效率和能力。当他告诉员工，参加培训将取得怎样的成效，有什么受惠之处时，员工的态度也开始转变，更加配合P先生的工作。

迷茫时，问问"如果没有我，会有怎样的影响"，能够帮助他人快速定位，行动也因此而变得更加有效。

因此，当下属表现得不知所措、缺乏自信和意愿时，领导不妨问一问下属这个问题。

问题2："你或者你所提供的服务有什么特点？"

人若能够找到自己或自己提供的服务的独特之处，并在独特处上下功夫，往往能够取得更加显著的成绩。

H经理是某连锁西点店的店长。店里有一位新来的销售人员总是无精打采的。通过沟通，H经理了解到，这位销售人员觉得很有挫败感，当他向顾客推荐店里每日更新的活动商品时，很多顾客都不买账；而且，他当值的时候，即便他主动提供服务，也很少有顾客会买商品。

了解到这些情况，H经理笑了，他想了想，对这位销售人员说道："你有这些苦恼，说明你有进取之心，这很好。不过，如果要想改变这种状况，你就要想一想，为什么你卖顾客就要买？你有什么独特之处呢？"

销售人员没有马上回答H经理的问题，他想了想，说道："并没有什么独特的地方。"

"那就难怪会这样了。那些深受顾客喜爱的销售人员几乎每一个都有自己的独特之处。有的口才好，总是能把顾客说得心花怒放；有的相貌好，让顾客一见就喜欢；有的体贴周到，让顾客把买东西当成一种享受……那你呢？你有什么独特之处呢？"H经理继续问道。

销售人员陷入了沉默，心中想着："是啊，我有什么独特之处呢？我必须找到自己的独特之处，才能拥有更多的顾客，创造更多的业绩啊！"

经过思考，这位销售人员决定在产品介绍方面下功夫。他向店里的糕点师请教，以便了解每一种糕点独特的口感、香味、材料、制作过程，甚至是历史。这样一来，情况真的改变了。

销售人员："您好！请问你需要什么？"

女顾客："随便看看。"

销售人员："那来几块杂果拿破仑蛋糕吧？酥皮酥酥脆脆，芝士香甜润滑，中间还夹了早上刚采摘下来的奶油草莓，味道更加丰富而清甜，吃再多也不会腻。而且拿破仑蛋糕刚好是我们今天的活动商品，打八折。"

女顾客听他说得那样美味，食欲也被勾起来了，再一看蛋糕做得那样漂亮，闻着也香，毫不犹豫就购买了好几块。

现在，这位销售人员成了店里的销售冠军。他找到了自己的独特之处——对各种糕点有深入而全面的了解，并凭此做出了成绩。

H 经理帮助下属找到了自己的独特之处，从而获得了一位得力下属。领导在带人的过程中不妨也借鉴一二。

会合作才有发展

每个人都有自己擅长的本事，都有自己独特的价值。但同样地，也都有自己不擅长的弱项。在工作中，很可能会碰到必须面对自己不擅长的事的情况。此时，领导必须教会下属与人合作以及如何与人合作。否则任由下属执拗地靠自己的努力完成工作，只会使下属陷入低效率的沼泽——劳心劳力却没什么成效，甚至可能由此衍生出更多的问题。

那么，领导怎样才能快速而又简单地教会下属这项技能呢？

问题 1："与人合作，为什么不呢？"

"与人合作，为什么不呢？"当下属仔细思考过这个问题，或者有了相关的经历，他们就会明白什么是团队，合作能够带来什么。真正了解了合作的意义，你就会明白当自己的工作力有不逮时，应该如何去做，才能又快又好地完成工作。

这是一次晋升考核，通过考核的人将成为公司的高层管理人员。经过资历、业绩、同事评价等方面的层层筛选，小K与另外8个人一起脱颖而出，幸运地进入了最后一轮“实战测试”，这是由公司CEO亲自把关的一轮测试。

测试的题目并不是很难,CEO在测试那天对他们9个人说:“你们都很优秀，我为公司能拥有你们这样的人才感到荣幸。只是你们9个当中，最后只有3个人能升任高层管理人员。希望你们好好表现，争取最后的胜出！考试的内容不难，就是做一份市场调查报告，报告要尽可能翔实，谁的报告最全面、最真实地反映市场，谁就晋升。

“我会让秘书把你们9人随机分成3组，相关数据资料也会给你们每人一份。3天之后，我希望看到让我满意的报告。”

很快，3天过去了，CEO一份份看完大家的报告，决定升任小K那一组的3个人。

原来，小K在做报告的过程中，发现自己的资料缺了部分客户群的相关数据。他立即与另外两位组员沟通，发现几人的资料并不相同，虽然都有缺漏的数据，但可以在小组其他成员的资料里找到。为了做好报告，3人决定合作，分享数据。这使他们的报告做得很完整、很到位。而另外两个小组的成员却没有做到这一点，他们在拿到资料后就开始做报告，谁都没有想过是否应该跟同组的其他成员合作，或者关心一下同小组的其他成员是否需要帮助，而是各行其是，结果可想而知，他们各自做出的报告自然不够全面。

CEO说，之所以决定晋升小K他们，正是因为他们的团队意识与合作精神，他们能够让人更轻松地做出更多的成绩。

“与人合作，为什么不呢？”最后，CEO 这样问另外 6 位候选人。他相信，尽管这次他们没有获得晋升，但他们会认真思考这个问题，一定会从此学会与人合作，而在工作能力上也取得长足的进展。

合作能够实现“我为你用，你为我用”，能够让人拥有更多的资源，从而更轻松、更快速、更卓著地完成自己的工作。虽然人与人之间也存在竞争的关系，但只要能取得成绩，与人合作，为什么不呢？

在带人的过程中，领导们若能像上例中的 CEO 一样通过“与人合作，为什么不呢”这个问题来点醒下属，引导下属，让他们明白合作的意义，他们就一定能有所成长，并最终成为可堪大用的得力下属。

问题 2：“对方为什么要与你合作？”

即便有了合作的意向，也确实开始合作了，但仍然经常出现合作不良的情况。

下属 A：“你们业务部的人总是提出一些不可能的交货日期。你说的这个交货日期，肯定不行！”

下属 B：“你们就辛苦辛苦，通融一下吧！”

下属 A：“真没办法通融，生产不出来就是生产不出来。”

下属 B：“怎么就没办法通融了？只要你们想办法，完全能够按时交货的。”

下属A：“你们根本不知道我们的辛苦和难处！站着说话不腰疼！”

……

在合作的过程中，类似这样的情况常常发生。那么领导要如何促进下属与下属之间的合作呢？从下面Q经理的案例中也许能够找到答案。

Q经理是酒店餐饮部的经理。一位侍应领班反映应该根据季节增加一些创意套餐。Q经理觉得这个建议很好，认为这位领班很有灵性，或许可以做自己的助理。为了更进一步看看领班是否有能力做自己的助理，Q经理便将增加创意套餐这个任务交给了他。

领班风风火火地找到主厨，说明了自己的意思，希望主厨能够尽快研发。但主厨的反应很冷淡，找了他好几次，他每次都说：“等有空了再说。”

无奈之下，领班找到Q经理抱怨，希望能够获得帮助。

Q经理本就是有意锻炼他，自然不会揽事上身，只是问道：“你觉得对方不合作不对，很懊恼，可是你有没有想过，对方为什么要和你合作呢？”看着陷入思考的领班，静默了一会儿，他继续说道：“想明白这个问题，我相信你一定能够处理好这件事。”

“对方为什么要与我合作呢？凭什么对方要按照我的意愿来做事呢？既不能给对方加工资，也不能给对方晋升的机会；虽然我认为理所当然，但实际上要推出让顾客满意的创意套餐，其实是相当困难的事，不是吗？况且彼此间也很陌生，或许我应该和他再走得近些，或许我能够在成就感、荣耀感方面下下功夫……”领班想了很多。

想好后，领班展开了行动，他时常会进厨房给主厨搭把手，顺便聊上几句——“您做的菜闻着香，颜色也美，真好！”“以前我不了解您的工作，现在才知道原来那么辛苦。”

在经过了几周的帮忙后，他们之间的关系已经很近了。此时，领班才提出了请主厨帮忙做一份时令糕点的要求，在请顾客品尝糕点时，向顾客介绍主厨以及他做的糕点，然后及时地把顾客的赞美告诉主厨。

很快，主厨就兴致勃勃地参与到时令套餐的推出中来。两人合作陆续推出了好几种时令创意套餐，备受顾客好评，餐厅部的营业额也因此大大提升了。

Q经理问了一个问题，下属就自己解决了问题。在带人的过程中，领导不妨也用“对方为什么要与你合作”这个问题引导下属思考如何才能让对方与自己合作，获得对方的助力。在对这个问题的思考中，下属会找到促成合作的方法——或者给予酬劳，或者提供机会，或者拉近彼此关系，又或者能使对方产生成就感、荣誉感。

敬业才能有事业

通用电气公司的总裁杰克·韦尔奇曾经说过："员工不敬业，那么这家公司就休想在市场竞争中取胜。"敬业的下属越多，领导就越轻松，所带领的团队的效率也就越高。

然而遗憾的是，对于大多数领导来说，敬业的下属都是稀有资源。大多数下属往往像下例中的 G 先生一样。

领导："这里的数据好像有点不对，你看看？"

G 先生："昨天我做统计的时候也觉得有点不对，不过业务部报上来的就是这样的数据，所以我也只能这样统计上去。"

"那你把数据拿回去，找业务部核实一下，再重新统计了报上来。"领导无奈地说道。

既然发现了问题，为什么还把有问题的数据报上去呢？不是应该一发现问题就找业务部核实吗？为什么能够理所当然地把有问题的数据报上去？为什么非要等到领导吩咐以后才去纠正？其实这些全都是因为下属缺乏敬业的精神。

敬业的人会在第一时间将工作做到最好。为了培养起下属的敬业精神，领导不妨问一问下属下面这个问题——“你为谁而工作？”

“你为谁而工作？”显然，无论对谁来说，这个问题的答案都是“自己”。

当一个人懂得他是在为自己工作时，就会更加认真，也会更加及时，不会有敷衍、拖延的行为。就像一个匠人如果在为他人建造房子，那么在施工时，他可能会为了省事而忽略某些犄角旮旯的细节，可能为了节省时间而粗制滥造……

相反，如果匠人是在为自己建造房子，那么他一定会认认真真，不会为了省事儿“差不多就行了”。

其实，在工作中，每一位下属都是“匠人”。每天，他们砌一块砖，钉一块木板，垒一面墙……在建造的过程中，或许他们并没有意识到这是自己居住的房子。等到最后，他们才发现，他们居然不得不居住在自己建成的房子里，哪怕那房子属于豆腐渣工程，住起来也不那么舒适。可是，到这时，一切都已经注定，他们只能后悔。

作为领导，为什么不让下属早一些明白他们建造的房了就是给自己住的呢？下属早一天懂得这个道理，就会早一天开始敬业，就会在更短的时间做出更多的成绩。

Q女士的设计稿又被T经理发现了许多问题——logo根本不是对方公司的，拼凑痕迹明显，英文拼写也出现了错误。这样的情况，一次可以说是粗心，两次还能原谅，三次、四次……T经理觉得这完全是Q女士工作态度的问题。

为了培养Q女士的敬业精神，端正她的工作态度，T经理与Q女士做了一次深入的沟通。

T经理："我们先不谈设计稿的问题，你认真思考后回答我一个问题——你为谁而工作？"

Q女士笑了笑，没有说话。但从她的表情，T经理已经看出了答案——是为公司而工作。

"为公司？为自己？你觉得这两个答案哪个更正确呢？"T经理继续问，"如果是为公司而工作，那么当你工作出现问题时，公司受到的影响一定会很严重。你觉得公司会因为你的工作不力而受到哪些影响呢？"

"客户满意度会降低，白白支付了我的报酬。"Q女士回答道。

"那么，公司会如何处理这种情况呢？"T经理问道。

"扣我的奖金，更严重的话会辞退我。"Q女士不以为意地回答。

"还有什么更严重的影响吗？比如，粗心会不会成为你的工作习惯？你的业内口碑会不会受到影响？你的工作能力会不会因此而停滞不前？即使再换一个工作环境，你的个人发展会不会因此而受阻……"T经理心平气和地问着，就像在帮助一位好友分析事业状况。

T经理一个问题接一个问题地问，Q女士也一个问题接一个问题地想。她突然发现，原来不敬业对自己有如此多的不良影响。

"你有没有想过，如果在工作中多一点敬业，自己会得到些什么呢？奖金、领导的器重、晋升……即使这些都没有得到，但工作能力是不是一定会得到提升？那么换个地方，得到如此种种还会困难吗？”T经理继续不紧不慢地问着。

这一刻，Q女士终于明白了她是为谁而工作——原来，无论工作得好或坏，最后要承担结果的都是自己！既然如此，那么自己为什么不敬业一些，那可是为了自己啊！

最后，Q女士说道：“经理，我明白您的苦心了。我会端正态度的。设计稿我拿回来重新改，改到我满意了再给您。”

问一问下属“你为谁而工作”，并像上例中的T经理一样，引导下属找到答案，就能从根本上扭转下属的工作态度，培养下属的敬业精神。

图书在版编目 (CIP) 数据

提问型管理：以问代管的领导策略 / 于治军著 .—北京：中国法制出版社，2022.12

ISBN 978-7-5216-3213-2

Ⅰ . ①提…　Ⅱ . ①于…　Ⅲ . ①领导学 — 研究　Ⅳ . ① C933

中国版本图书馆CIP数据核字（2022）第244830号

策划编辑：李佳（amberlee2014@126.com）
责任编辑：王悦（wangyuefzs@163.com）　　封面设计：周黎明

提问型管理：以问代管的领导策略

TIWEN XING GUANLI: YI WEN DAI GUAN DE LINGDAO CELÜE

著者 / 于治军

经销 / 新华书店

印刷 / 三河市国英印务有限公司

开本 / 710 毫米 ×1000 毫米　16 开　　印张 / 14　字数 / 152 千

版次 / 2022 年 12 月第 1 版　　2022 年 12 月第 1 次印刷

中国法制出版社出版

书号 ISBN 978-7-5216-3213-2　　定价：42.80 元

北京市西城区西便门西里甲 16 号西便门办公区

邮政编码：100053　　传真：010-63141600

网址：http://www.zgfzs.com　　**编辑部电话：010-63141831**

市场营销部电话：010-63141612　　**印务部电话：010-63141606**

（如有印装质量问题，请与本社印务部联系。）